# 青春是任由驰骋的草原

《作文与考试》杂志社 选编

时代文艺出版社

## 图书在版编目（CIP）数据

青春是任由驰骋的草原 /《作文与考试》杂志社选编. — 长春：时代文艺出版社，2021.3
（青少年校园美文精品集萃丛书. 青春伴读系列）
ISBN 978-7-5387-6574-8

Ⅰ.①青… Ⅱ.①作… Ⅲ.①作文－中学－选集 Ⅳ.①H194.5

中国版本图书馆CIP数据核字（2020）第260411号

出 品 人　陈　琛
产品总监　邓淑杰
责任编辑　李荣鉴
装帧设计　孙　利
排版制作　隋淑凤

本书著作权、版式和装帧设计受国际版权公约和中华人民共和国著作权法保护
本书所有文字、图片和示意图等专有使用权为时代文艺出版社所有
未事先获得时代文艺出版社许可
本书的任何部分不得以图表、电子、影印、缩拍、录音和其他任何手段
进行复制和转载，违者必究

### 青春是任由驰骋的草原

《作文与考试》杂志社 选编

出版发行 / 时代文艺出版社
地址 / 长春市福祉大路5788号　龙腾国际大厦A座15层　邮编 / 130118
总编办 / 0431-81629751　发行部 / 0431-81629755　北京开发部 / 010-63108163
官方微博 / weibo.com / tlapress　天猫旗舰店 / sdwycbsgf.tmall.com
印刷 / 三河市嵩川印刷有限公司
开本 / 880mm×1230mm　1/32　字数 / 135千字　印张 / 7
版次 / 2021年3月第1版　印次 / 2021年3月第1次印刷　定价 / 36.00元

图书如有印装错误　请寄回印厂调换

# 编 委 会

编委会主任：刘翠玲　夏野虹　高　亮
编　　委：钟　平　彭　宇　张　引
　　　　　于智博　高明燕　苗　与
　　　　　李　跃　关晓星　那继永
　　　　　沈　洋　隋元明

# Contents 目 录

## 谁的青春不加糖

行走纪 / 梁采涛 002
湖边的紫藤萝知道 / 包贝贝 006
在夜里奔跑,也是一种温暖 / 季珂宇 009
不要问我为什么忘记 / 马珮文 012
谁的青春不加糖 / 陈子轩 015
天使的糖果 / 黄徐蓓 019
淡淡的日子也飘香 / 刘思含 022
好时光都应该被宝贝 / 张家璐 025
我最喜欢的一个词 / 许 爱 028
我不相信眼泪 / 黄 琴 030
微笑 / 操 懿 032
独行 / 谢佩珊 035
我会记得 / 晨 曦 038
门里门外 / 田育灵 041
芳草萋萋 / 肖 宇 043

| 这样多美丽 | / | 严　芳 | 045 |
| 追求梦想，践行梦想 | / | 鲍周洋 | 047 |
| 我是我从未遇到过的人 | / | 赵晓萱 | 050 |
| 美好的旅行 | / | 陈　玺 | 052 |
| 花期 | / | 田育灵 | 055 |
| 风可以穿过荆棘 | / | 杨澳钦 | 057 |

## 领悟是时光的礼物

| 大地之心 | / | 周　颖 | 060 |
| 百转千回 | / | 刘一畅 | 062 |
| 凝视闪电 | / | 贾　晔 | 065 |
| 兰草一颗心 | / | 何雨瀚 | 067 |
| 江南柳 | / | 朱思远 | 070 |
| 一元一袋的幸福 | / | 杨舒文 | 073 |
| 放风筝所想到的 | / | 黄杨锋慧 | 076 |
| 逆转 | / | 刘　倩 | 079 |
| 偶遇 | / | 洪灵焰 | 081 |
| 夜倾城 | / | 纳兰柔仪 | 084 |
| 没有年轮的阳光树 | / | 张紫瑶 | 086 |
| 慢下来的时光 | / | 陈　柏 | 089 |
| 乡之情韵 | / | 赵子卉 | 091 |
| 梅 | / | 赵佳悦 | 093 |
| 给幸福画一条底线 | / | 赵晓萱 | 095 |

错过的美丽　／　孙雨多　098
隔岸观花　／　刘沁怡　100
写好人生每一页　／　俞睿沅　103
文学的诱惑　／　胡　悦　106

## 捡拾幸福

倾听你的脚步　／　郑晓群　110
父·女·心　／　李睿馨　113
关于钟秀倩　／　李明泽　117
妈妈总是笨笨的　／　周梦园　121
一句"我在",也是一种温暖　／　赵　宁　125
清明忆　／　童　晶　128
你,温暖了我的视线　／　阙淑玲　131
微笑的橙子　／　孙路平　133
月光下的父亲　／　邓慧琪　136
就这么垂垂老去,也是一种温暖　／　裘嘉懿　139
假装　／　刘博　142
背影　／　夏忘幽　144
感恩是不褪色的锦缎　／　谭　玮　147
捡拾幸福　／　李　然　150
或许我是爱你的　／　崔彩霞　152
月下　／　仇卢琦　154
最熟悉的陌生人　／　张浩然　157

掌心里的爱 / 徐　欣　160
阳光的味道 / 保涵天　163
依然爱你 / 谢文杰　165
那一抹心痕 / 付启东　168

## 风哗啦啦地吹过流年

窗外有风 / 梁采涛　172
在美的天空下 / 黄杨锋慧　175
茶杯里的时光 / 程　澍　178
时光孤岛 / 李子木　181
你来看此花时 / 章媛媛　184
铅笔下，是我的世界 / 廖丽峰　186
故宫的真相 / 黄也杭　188
牵动我心弦的那条小河 / 杨　洋　190
冬阳·馒头香 / 邹梦月　193
我的太阳 / 伍晓娟　196
旧日菖蒲 / 季珂宇　199
不会变的是炊烟 / 高　杉　202
带文字回家 / 朱艳霞　205
站台 / 操　懿　207
遥远的眼神 / 李　牧　210
嘴角掠过的一丝微笑 / 段　琦　212
宽容 / 梁艳琳　215

*谁的青春不加糖*

# 行 走 纪

梁采涛

## 一 米

冬季。

抱着书懒懒地行走,深深浅浅地踏入"南国"小城如倾的阳光里,恍若某个令人眩晕的夏日。

一月,入冬许久,冬天却也像个懒散的孩子,偶尔心血来潮送来几天冷空气,没了心情便自顾自地玩去了。

记得前几日躲在羽绒服里看呼出的白气化作一只蝶,今天却将手挡住了额前成片洒落的阳光。阳光仍细细地淌过了指缝,丝丝缕缕浸润了眼眸,暖暖的,像极了我们细碎的年华。

我们一直行走在这明媚抑或阴冷的流光里。

## 五 米

走出书店的半秒里，心里瞬间空荡荡的。忽然想起，原来自己又在书店里窝了三个小时。

朋友问过我："怎么每次看见你都在书店里？你要在那里长住吗？怎么会不累呢？"我只是淡淡一笑，怎么会累呢？在那里，有那么多书我还没来得及翻开，有那么多书我还没来得及读完。

我愿意做一个痴迷于书的孩子，准确来说，是痴迷于文字。

多幸运我曾在不经意间闯入了文字的世界，像一个懵懂的小孩儿，偶然窥见了令她惊艳的美好，从此就堕入了一个庞大而华美的梦里，流连着不愿醒来。

我一步一个脚印地行走在文学的路上，只为了有一天可以到达那文字的天堂。

## 八 米

喜欢安静的文字，喜欢纯净的歌声，喜欢干净的图画，喜欢静谧的摄影。深深地喜欢着，也风轻云淡地喜欢着。

一直陷在那灵动的美好里不能自拔。

一开始，我也想不明白，自己明明是老师同学眼中的好学生，明明面临着中考的独木桥，怎么还有那么多的心思去读散文，听歌，看漫画，赏摄影。后来啊，我一下子就懂了。

因为我是那个风轻云淡地行走在路上的女子。

我会为一缕幽香而驻足，因半亩花田而欣喜，惊羡于一树一树花开的明媚，悉心去细数时光里沿途开遍的所有爱和美好。

我拥有天使的双翅，却只愿行走在路上，慢慢地，将沿途风景看遍。

用左半边翅膀去珍惜，用右半边翅膀来欢喜。

## 十 二 米

第一次和妈妈说起我幼时的故事，第一次和妈妈谈到我发表过的文字。夜里很静，低低切切地诉说着那些细水长流的往事，多少笼上了几丝朦胧的情绪。说的人安静地说，听的人安静地听。

小时候的我嘴笨，什么也不敢说，什么也不会说。和爸爸妈妈之间，总有一层莫名的疏离。

可是一路走来，他们却从未缺席过我的生命，哪怕是点滴。

有那样的一种爱，在岁月的长河里缓缓流淌，会一点点地，开出花儿来。那暗香浮动的花儿，永远不会凋谢，因为，爱一直都在，永远都在。

我看着我的妈妈，为我付出了半生心血的妈妈，因我而老的妈妈。

她歪着头，静静地听着她女儿的诉说，这迟来的、带着遗憾的诉说。那专注而幸福的孩童般的神情，真是叫人心生怜惜。

我忽然好想抱抱她，抱抱这个我一辈子最爱的妈妈。幸好，这一切，还来得及。

那天，我听她对我说："孩子，妈妈觉得你长大了。"

是啊，我长大了，妈妈却老了。

行走在路上，带着满满的感动和失落，一点儿一点儿地成长。

在这漫长的成长路上，不管身处怎样的寒冷，怎样的黑暗，只要回头看一眼，只要一眼，总有一些人、一些事，会让自己的心暖一下，再暖一下。

## 十 五 米

一路上风光正好。

就这样，懵懂而又清醒地行走了十五年。当然，我还会继续走下去。

谨怀着虔诚的心，写下这些文字，来记录，这似水年华。

我的行走纪。我的路，我会好好走。

## 湖边的紫藤萝知道

包贝贝

闲游在校园的路上,扑入怀抱的是一朵朵的阳光。

湖面水波粼粼,映入我眼帘的,却是那株湖边的紫藤萝。

正值开花时节,满眼满眼的都是紫。

走上前去,看到每一朵花都开得正旺,鼓鼓的,像船帆。

这么轻易地,我就想到了你,虽然回忆像浓烟一样呛人。

"喂,出去走走,老是待在教室里也不是回事儿啊。走啦,出去散散心。"我正坐在位置上发呆,便觉得有一只手搭在了我的肩头,接着又听见了这么有辨识度的声音,不用猜也知道是你。

我刚从位置上站起身,就被你活生生地拽出了教室。

你小鸟依人似的挽住了我的胳膊，拖着我下了楼梯走出了教学楼。

周围静悄悄的，我甚至听见了心脏跳动的声音。这份安静，静得可怕，像是暴风雨来临前的宁静——我的心中涌起一种不祥的预兆。

平日里风风火火，说话像拧开了的水龙头似的怎么都停不下来的你，此时，只是安安静静地挽着我的胳膊，低头不语。

"你……"我刚想问你是不是有什么心事，却看见你摇摇头，示意我别说话。

不祥的预感一点儿一点儿地侵占了我的全身。

你终于停在了湖边那株紫藤萝前。

你松开了我的胳膊，抬起头，我看到的是你那微红的双眼，一滴泪水正划过你白皙的脸，滴落在泥土中。

"你怎么了？别哭啊！"我从口袋里拿出纸巾擦着你的眼泪。

"要毕业了呀，那我就见不到你了，我们以后都不会像现在这样天天闹在一起了。"你抽噎着。

我愣住了，给你擦眼泪的纸像被风吹落的紫藤萝，飘到了地上——是呀，要毕业了，以后我们见面的机会不多了，更别说玩在一起了。

我只是不解，平时大大咧咧的你，怎么突然变得这么敏感起来。看到你微红的双眼，涌上嘴边的疑惑被咽回到肚子里。

我傻傻地站在哭得稀里哗啦的你面前，不知怎么办才好。

秋深，霜白，帘卷西风。

一阵风吹过，吹落几片花瓣，淡紫色的花瓣打着旋儿落下来，像是无头绪的彩带。

你依旧在啜泣，我拉过你的手："没事，我们的心还是在一起的，这就够了。"

你点点头，"嗯"了一声。

走在回教室的路上，我们越走越慢，真的好希望，我们可以一直拉着手走下去，这条路，永远也走不到尽头。

现在的我，像极了那株紫藤萝，光秃秃的，却还想挽留住最后一片花瓣。

秋风把所有都带走了，包括你。留下我独自舔舐着自己的伤口，试图忘却那所有的痛楚。

一阵冷风吹过，把我的思绪拉回到现在。

紫藤萝掉下几片花瓣，像是它落下的泪。因为，它知道，我，想起了你。

总以为，我们会像两个紫藤萝边擦肩而过的人，时光的流逝会让我们忘了彼此，但是，你我都知道，湖边的那株紫藤萝也知道，我们会永不相忘。

# 在夜里奔跑,也是一种温暖

季珂宇

> 我清晰地听见,自己粗重的呼吸声,急促的心跳声,还有擦过耳畔的寒风呼啸的声音。缺氧的大脑里一片空白,只知道必须一个路灯一个路灯地跑下去,直到这黑夜的终点。
>
> ——题记

在与时间的拉锯战中,我总是落败的那一方。面对光阴的步步紧逼,不得已地拉长了战线,将自己奋斗的地点从白天一直延长到黑夜。

笔尖唰唰地在空白的卷子上奔跑,手指被微凉的夜色浸得冰冷,不自知地想要慢下来,慢下来——我的耳郭里充斥着如这般叫嚣的声音:"停下来!停下来!哪怕抽出点儿时间向手心里呵口暖气也是好的。"

我仿佛看见在台灯的映照下，一个在书页间奔跑着的自己，带着浓重的黑眼圈，大口大口地喘着气，快要精疲力竭的样子却被不断移动的笔尖驱赶着，一刻也不能停歇地迈着步子，漫无尽头地跑。"太累了！"我听见她冲着我喊，束起的马尾在奔跑中变得散乱而狼狈，"太累了！让我停下来！停下来！"

夜已经深了。

我渐渐地放慢了笔速。冬日夜里的寒意透过微薄的衣衫，带走了肌肤表面的热量，我打了个冷战。不如算了吧，等明天，等明日的白天……我的心里漫上来犹豫的声音。

母亲推门进来，帮我调高了些台灯的亮度，颇不忍心地开口："有必要这么早就开始复习吗？你们老师连新课都还没有上完吧？差不多还有七八个月，远着呢，早些睡吧。"见我没有答话，又叹了口气走出房间。

已经不远了，我轻轻地对自己说，落笔重新变得坚定又迅速起来。从来都不是漫无目标地于课业中奔跑，即便是在夜里，抬起头也能够望见那个已经渐行渐近的终点。清清楚楚地明白那一日已不遥远，真真切切地懂得这一切的坚持不过是用以迎接成功的必要铺垫。"继续跑！继续跑！别停下！"我再次用笔尖驱赶着纸页上的那个自己，温暖地笑着，看她执着地跑。

在夜里奔跑，本就是为了追逐夜色那端灿烂而迷人的终点，与光阴争夺那胜利的战果。只要念及自己是在为那样的一个目标而坚守，再疲倦再寒冷，也能够感觉到皮肤下有蠢蠢欲动的温暖，等待着某个时机猝不及防地给我一个拥抱。

依旧在不停地奔跑着，我手握着自己的坚持，感觉到从心中涌上来的暖意，击溃了又一个夜色寒凉。

# 不要问我为什么忘记

马珮文

　　女孩儿很小很小的时候就对一切古老而悠久的东西充满了好奇,那些令她着迷的旧书、笔记、零碎的信件都被整理在一个大箱子里。箱子简陋,密不透风,铁锁的钥匙始终挂在女孩儿的脖子上。

　　女孩儿能在那只木箱里闻到灰尘和时光的味道,潮湿,带着股淡淡的霉味,女孩儿固执地认为那是一种贯穿了永恒的沉淀与纪念。她收集了不同的明信片,把墙面当作地图,一张一张贴好,一站一站到达。渐渐地,箱子装满了,她敲敲补补,腾出一块更大的空间。有时候,坐在角落里累了,便会随着那略带涩意的味道浅浅地睡去,就连梦里的画面也是由黑白的老照片拼成的,像一部无声默片。

　　女孩儿家在一个又黑又直的死胡同里,阳光越过隔住喧嚣的老墙照进来,树影斑驳,让人舍不得触碰。巷口卖包子的老人住在女孩儿家隔壁，老人手艺精湛，精神抖擞，除去苍苍的白发，分明还年轻着。女孩儿觉得很有趣，不止一遍地问老人多大了，老人和蔼地笑着，肩背起伏，仿佛用尽力气地说："太老了，记不清了。"女孩儿略有所思地点点头，想着：若能同老人一样在岁月的馥郁中老去，该是一件多么幸福的事。

后来，城市里兴起了复古风，旧衣裳、坏挂坠，一切染着锈迹的东西都变得分外珍贵。女孩儿对所谓的"复古风"很陌生，尽管是看起来精致而陈旧的物件，但女孩儿嗅不到那种熟悉的令人心安的气息，她黑亮的眸子明明灭灭，努力挺起腰板，透着倔强的美。

女孩儿站在窗前，面对初升的太阳，却没有像往常一样轻盈地微笑。嗯，旧木箱再也装不下了。

女孩儿没有想到的是故事竟是这样结尾的：街头卖包子的老人来收废品，母亲便把大箱子一起给了老人。女孩儿的眼睛淹没在阴影中，她的双手握得很紧，转身冲了出去。

老人的铺子提前收了，他端着烟袋坐在夕阳下，身子微微蜷起，像个婴儿。女孩儿走到老人面前时，却一句话也说不出来了，她酝酿好的措辞、带着怒意的疑问突然消失了。女孩儿不安地窥向老人身后柴扉半掩的屋子，零落的碎片重叠交错，的确是有那么一只箱子的。老人的目光很淡，很厚，又不同于浑浊，直直地盯着女孩儿，一瞬间，慌乱、迷茫，她跑进了巷子。

一堵墙拦住了女孩儿，她才想起来，这是一个死胡同，女孩儿习惯性地摸了摸胸前的铜匙，突然觉得不那么留恋。

晚霞红艳，映亮了半边天，女孩儿又缩在角落里回忆，突然发现，箱子里曾经被视为一切的字句、图案竟然一点儿也记不起来了。她不愿相信，回首间，恰好望见不远处徐徐飘散的白烟，无影无踪。她想起了老人。

女孩儿尝试着去改变自己的习惯，她甚至没有说一句话，便把木箱的钥匙塞进了垃圾桶，过去的都不存在了，没有什么比现在更重要，女孩儿知道为什么人们都爱上复古了。

因为失去，所以需要慰藉。时间的洪流冲走了身边太多的东西，包括生命，既然已经离开，就走得干干净净，选择了远方就不要留恋过去。

因为失去，所以需要学会说服自己。没有什么是永恒的，人、事、物总有一天会消逝，女孩儿还有更大的梦想要实现，在原地踏步，是失败者的表现。

因为失去，所以懂得拥有的不易，把握身边的机遇，才有更多的回忆可以珍惜。她不怕，她不悔，女孩儿知道，她丢掉的，不只是旧时光，更是一种压抑与束缚。

合上日记本，女孩儿拉开帘幕。窗外，阳光正好，她歪着脑袋，忽然意识到忘记本身就是一段美好的记忆，而那样的秘密又有谁会忘记？

# 谁的青春不加糖

陈子轩

好像思念这种情绪是每个人都无法逃避的。

尤其是在初三这种需要那么一点点仪式感来祭奠过去的当口。或许是在兵荒马乱的晚自习上，又或许是在大汗淋漓的体育训练之后，也有可能是夜晚失眠的时候，对你的思念，便开始沿着记忆的纹路下起了细密的雪。和你共度的甜美时光，总是能悠然地浮现在记忆的表层。

## 两条时光掌纹的交会

"哎，你听说了没？隔壁班刚转来一个很漂亮的女生。""我早就知道了，听说她爸还超有钱呢，明显就符合我的胃口嘛。""我看你是掉钱眼儿里了吧。"……哼，一群凡夫俗子，俗不可耐，俗不可耐！

"妈，我回来了。""你回来啦。刚好，你把这茶叶给对门那个新来的邻居送去。"妈妈一边将茶叶递给我，一边说道，"我听说他们家女儿插班到你们隔壁班了呢。"什么情况！有没有必要这么巧！

"叮咚，叮咚。"前来开门的是你。我一下子就看傻了。你比范冰冰有气质，比Angela baby更迷人。好吧，我承认，我很俗，俗不可耐。"你好，那个……那个，我是对门的那户人家。这……这……这是我妈给你们的茶叶。欢迎你们搬到这里。"果然是我等级不够，连说个话都结结巴巴，丢死人了。"真的太谢谢你们了！"你笑了笑，而我很快就在你有些惊讶的眼神中仓皇逃走。

## 用欢笑把寂寞扎成花

就像有首歌唱的那样："一个磁场能吸引一双/背对的路人互相崇拜/像在暗恋某个偶像/一个微笑能发一下午的呆。"也许是性格相合，我们两个只用了短短的几个星期时间便无话不谈。

那天我生日，爸妈刚好双双出差。你可以想想看在你生日的时候无人问津，那种感觉真的是难以言表。就当我坐在家门口望着天空发呆时，你突然在背后蒙住了我的眼睛。你说的不是"猜猜我是谁"，而是"生日快乐"。我强忍着没让自己哭出来，因为我觉得在女生面前哭是件很没面子的事。"走吧。""去哪?""还能去哪?当然是去帮你过生日呀。"

那天晚上,我们两个小屁孩儿竟在KTV里唱歌唱到深夜,弄得你爸差点儿就要去派出所报警了。现在想起来那时候还真是疯狂。

## 雨纷纷,旧故里草木深

时光飞逝,转眼间我们的小学生涯便结束了,我们两个人考上了不同的两所中学。你爸爸为了方便你的读书,将家搬到了离那所学校很近的地方。只不过从此我们一个在小镇的这一端,一个在另一端。后来由于学业日渐繁忙,我们之间的联系也就断了。

去年年底的同学聚会,你挽着一个陌生男孩儿的手走了过来。你向大家介绍说这是你的男朋友。那时的你,和从前比起来改变了很多。迷人的唇彩,可爱的刘海,时尚的着装。看起来有点儿坏坏的,很漂亮,却让我几乎认不出来了。

直到那时,我才明白飞逝的不是时光,而是我们。

路边的小花依旧在开,天边的流云还是那么白,但那对一起摘花看云的小孩儿,却永远定格在记忆中,再也回不来了。小学校园里的深深草木,埋葬了我们过往的单纯时光。

其实每个人的青春时光里都有这么一个人，给你的青春偷偷加了一点儿糖后便逃走了，让你在有生之年再次回味这段小时光的时候，能尝到一点点的小甜味，能感到一点点的小幸福。

一场名为青春的潮水将我们淹没。浪退后，浑身湿透的我们静坐在沙滩上，看着曾经深爱的他们用力挥舞双手，幸福地踏上人生的另一端。下一次浪来时，会带走他们留在沙滩上的美好足迹。但我们还在，那段甜美的时光还在。豪情不减，嬉笑当年。

## 天使的糖果

黄徐蓓

你说你又想起今年冬天的那些苦不堪言的事了,你说你现在脑中回荡的都是体育训练时急促错乱的呼吸声。我看着你一圈圈地跑,使劲地想加快速度,后面的同学超过你了,你眼巴巴地看他们跑远,又急又累,却无能为力。老师冲你喊:"别停别停!跑!跑!跑!跑不动了也要坚持!不许停!"于是你奋力挥动裹在棉袄里的手臂,仰头看着天,一股脑儿地冲,一刻也不敢停,跑得满头大汗。

你一边说着,一边哈哈地笑起来了,露出整齐的牙齿,眉眼弯成纤细的柳叶。我问你为什么,你说你总算熬过来了,现在可不必受疲累之苦了。

看着你笑,我可笑不出来。我知道昨天你数学测试的成绩糟糕得令人难以置信,你还被老师叫到办公室"喝了杯茶"。我不明白你为什么还笑得这么开怀。你看着我的眼,语气认真诚恳:"我相信我自己,经历了这个,我才更懂得以后的我要怎样做得更好。"没有人比我更懂你了。我坚信你一定把数学老师的话记在心里了。"别担心我,这点儿小失败可打不倒我。"你面露微笑,于是我拍拍你的肩,笑了。

其实,我知道你有多少无助。在寒冷的冬夜里,我知道你在害怕什么,担心什么。冰冷的宿舍床铺上,翻来覆去的你望着漆黑的天花板,也曾在被窝里悄悄落下过几滴泪吧?我仿佛听见你努力地逼迫自己入眠却忧心忡忡的心跳。但第二天,你即使顶着深深的黑眼圈,也会向我问好。过去的都过去了,别让昨天的烦恼浪费今天的好心情。你总是洒脱地挥挥手,不爱提伤心的往事。

"每一场苦痛都是上天给我们的测试,天使晶亮的眼会看着我们解答每一道题,坚持着度过困苦的人会得到天使甜甜的糖果。"那日,你靠在窗边,读得认真。

我看着你,想起关于你的回忆。青春像手心的掌纹,曲折的线条是成长的路线,蜿蜒的分支是一路上每一场激动的欢喜,而指边那一颗黑痣是成长每一次疼痛的凝集。你难过时会把手掌握得很紧,只是为了把它隐藏在手心里。但现在,你把手轻轻搭在我的肩上,你的眼里有彩虹的倒影。你会心地笑了,你的笑容里有糖果的甜美芬芳。

其实我一直没有告诉你,我一直都住在你的心里。作为你的天使,也作为另外一个你。

你说，人生会有许多冬天，跑起来吧，不要停下。对，别停下，我相信你能坚持得住，我相信你一定可以得到我所有的糖果，在你跑过冬天的那一刻。

# 淡淡的日子也飘香

刘思含

几片枯叶疲倦地打了几个卷,任凭风儿吹着它将要折断了的枝条,小鸟站在丫杈上,无力地唤了几声。脏兮兮的纸团被风追逐着,打了一个又一个的滚。这样干燥的天气,让我生出无尽的烦躁。

我裹了裹棉衣,在肆无忌惮的寒风里前行着。风凉凉的,吹在脸上是硬生生地疼。坑坑洼洼的人行道边,有一个摊位冒着白丝丝的热气,一个老爷爷站在那团氤氲的雾气后方,叫喊着什么。我的视线和我的脚步一齐被他吸引了过去。

"小姑娘,来块豆腐吗?"他抬起头,笑着问我。

我看了看他那张尽布沟壑的脸庞,浑浊却渴望的眼神,点了点头。

他又爽朗地一笑,手脚麻利地掀起了塑料布,从案板上抓起一只小铲子，小心翼翼地推了下去，然后手腕一翘，一小块软塌塌的豆腐便从一整块"白玉"之中落了出来，他把塑料袋迎风一吹，铲子上的一小块豆腐便滑了进去。

我递过去五块钱，他从洁白的肚兜里掏出一沓理得很整齐的零钱，抽出两张，递给了我。

我拎起豆腐，朝悠长悠长的胡同里走去，他的声音却淡淡地传过来："我的孙女去年车祸……如果她还活着，应该和你一样大，和你一样水灵……"

我回过了头，看见了一个老人独有的孤独和悲伤。我张了张嘴，却不知道说什么好……

回到了家里，豆腐还是微微地热着，可我心里却莫名地生出了那么一丝丝的悲凉。爸妈吃过豆腐都说，这豆腐磨得很细，有他们小时候的味道。我细细地品着，却觉得里面尽是老人孤独的情愫。

从那以后，我经常会去他的豆腐摊待上一会儿，并买上一块"孤独"的豆腐。那一天，他递给我一杯烫烫的豆浆。我问多少钱，他笑得干干的，说这个不卖，我想让你多待一会儿，喝完了再走行不行？我的心蓦地颤了一下，这样的老人，想要的不过是有个人陪伴，不至于那么孤独，不是吗？

直到现在，我还是会经常去他那陪他一会儿，走的时候带上一块香飘飘的豆腐。只是现在的豆腐里，不再有那么浓的孤寂，取而代之的，是在他皱纹里藏着的满足的笑意。

风还是哑哑地吹着，可我分明感觉它温柔地抚着我的发丝和脸颊，也温暖了一个老人孤独的心灵。吮吸着甜甜的豆浆，感受着从左心房流出的温暖。

淡淡的日子也飘香，飘着豆子清新的味道。

# 好时光都应该被宝贝

张家璐

这些记忆无关风月,可仍然弥足珍贵。所以请记得,好时光都应该被宝贝。

——题记

现在来写缅怀初三的文章,大约会被人笑话太迟了吧。

中考结束的那天,我很奇怪自己竟然没有哭,同学们早早约定好的聚会我也没有去,淡定地从车上下来,淡定地收拾东西,然后回家上网玩电脑,满脑子只有放假的轻松愉悦。

可是大约一周后的某天晚上,躺在床上无所事事的时候,终于从这种无边的轻松中抽离出来——自己真的不是一个初中生了,那些年少轻狂的日子真的再没有了,那些朝夕相处的人就这样分离了。

那天晚上做了一个梦,梦见了我们还是初三,还在努力备考。那个梦是那样的清晰,真实到可以看清同学们的笑靥,可以掐掐同桌微胖的脸,甚至还可以知道黑板的左上角写着"距中考只剩27天"。

接下来的梦境,就好像是发生在昨天的事情——同学们过完寒假返校,脸上还带着收到压岁钱时开心的笑。教室黑板上写着大大的"初三下学期,我们来了!中考,我们来了!"还配着鄙视的表情。

但眨眼间,时光如驹。

一转眼,却是到了中考结束了最后一场考试的时候了。其实还是记得的,同学们都集中在同辆车上。返程的路上,我们唱着歌,一首接一首,每个人都大声地唱着,尽情释放着自己长久以来因考试而攒下的压力。

校车在校门停下,散落在其他车上的同学自发跑过来和大部队集合。

没有了刚刚唱歌时的开心热烈的情绪,那种难以言表的伤感开始蔓延。有好几个女生红了眼眶,可还是带着微笑貌似倔强地说"啊,沙子进了眼睛里了"。然后转过身,假装抹去不存在的沙子,趁机悄悄擦拭落下的泪。

远处的夕阳已经呈现出落山的趋势,红彤彤的身影像有些害羞似的,微微躲进树的枝丫里。它像一块烧得通红的炭,却无端地发出一股看不见的浓烟,呛得人直想落泪。

　　醒来后脸上满是异样的感觉，风吹过便冰凉。手一摸，才知道那是泪。在梦里，憋了许久的泪自己出动了。原来自己并不是不难过，只是还没有体会到已来临的分别，还没有发觉这是多么令自己难受的事。

　　记忆之扉洞开，回想起分别那天最后有同学忍不住放声大哭，她捂着眼睛蹲在地上，伴着哭声喊："我舍不得你们啊！我不要和你们分开，不要考高中了！"

　　可是又有谁舍得？舍不得的总得舍得，不得不有的分离，谁都会有，我们，不得不往前走。

　　记得那个报考外校的同学，趴在窗台上写下小小的"再见"。

　　再见了，真的再见了，我的初中，我的同学们。

　　《夏目友人帐》里说：人生不断地重复邂逅与分离，可这些记忆永不会消失。那些说给树听的话，镶嵌在记忆的年轮里，随流年，长成参天的模样。无论微笑与难过，我记得，你在过。

## 我最喜欢的一个词

许 爱

我最喜欢的一个词——独处。它是一种繁华过后的觉醒,它是一份精神世界的超然,它是一种去繁就简的境界,它更是一种洗净铅华的低回。

"冷处偏佳,别有根芽,不是人间富贵花。"纳兰容若的一阕词,带着他孤独的心,在飘散中,守候灵魂,哪怕纷飞,也留有一丝淡然的忧伤。这位相国公子,权位贵胄,官至近侍,却终其一生都独处在自我的世界里,来寻找令他纠结一生的表妹。或许,在表妹离去之后的日子,即使周围依然花团锦簇,他也只是感到孤单吧!有些人即使生活在一群人中还是如此落寞。也正是这份独处,造就了家家争吟的《饮水词》。

"一见到你,我就变得很低很低,低到尘埃里去,却在尘埃里开出一朵花来。"我想,如果张爱玲的文字是那朵伸出的花，那么她本人便低入了泥土，开始了独处的旅程。在她经历了那段被滚滚红尘惊扰的爱情后，在她经历了亲情的冷漠后，她便开始了深入浅出的生活，有人说："能够同时承受生命的极度繁华和生活的极度低调的人，也只有张爱玲。"她那抹不去的家族符号，宛如一条色彩浓重的血脉分支，汇集于张爱玲一身，形成她孤高、冷傲、怪异的独特个性。甚至连她那张抬头仰视、双手叉腰的画面也成了历史的经典……也正是由于这份独处，让人看到了人性最真实的才情与性情。这个末世女子在兵荒马乱而又夜夜笙歌的都市孤独地坚守，这个敏感女子穿过一年又一年岁月的风尘后守着一份清醒与超脱。

独处，它是梭罗先生在瓦尔登湖荡起的双桨；独处，它是海明威守望乞力马扎罗山时心中的信念；独处，它是席慕蓉踩着的布鲁塞尔的皑皑白雪；独处，它是梵高那蒸蒸日上的向日葵后的真相。

人生活在世上，是群居动物，不可避免地与人交往着，但我们却可以保持内心的一分独守，与清风为伴，与明月为友，与松柏为伍，去独享自己内心的一份纯净和一丝纯粹，让心在宁静的状态中驶向彼岸。

独处，我最喜欢这个词！

# 我不相信眼泪

黄 琴

眼泪,也许可以触动人内心深处的那根弦,但它所能给你带来的,只是一闪即逝的同情,而不会是尊重。我不相信眼泪,一如往昔那些不相信眼泪的古人。

越王勾践说:"我不相信眼泪!"

硝烟弥漫,哀鸿遍野。转眼之间,国破家亡,曾经的君临天下,曾经的唯我独尊,如烟云消散,成为曾经。如今的他,沦为吴王的阶下囚。绫罗绸缎换成粗衣麻裤,山珍海味变成了残羹剩菜。去舔尝苦胆,只为让自己记住今日的痛苦。红罗斗帐已不再,取而代之的是草席木枕;万人伺奉的生活已不再,取而代之的是日复一日繁重劳作与鞭责唾骂。他说:"我不相信眼泪。"逼着自己在苦不堪言的劳作后坚强起来,只为让自己记住今日的酸楚。即使现实如此残酷,他也从不向命运低头。终于,在多年的忍辱负重之后，他积蓄起自己的力量，一朝打碎了吴王的美梦，重新站上了权力的巅峰。

汉使苏武说："我不相信眼泪。"

茫茫大漠，驼铃叮当。他带着汉皇的骄傲行往蛮荒之地。本该受到上等礼遇，却不料陡生变故——同行之人参与匈奴内部谋反，计划败露而被捉，他也被牵涉其中。作为汉朝使者，于理，他不该干涉匈奴内政；于情，他不能受辱于匈奴而丢了国家面子。面对如此境况，他说："我不相信眼泪。"呼吸之间，便拔出了佩刀，向自己狠狠刺去，毫不犹豫，毅然决然，只为能捍卫大汉王朝的尊严。寒风凛冽，滴水成冰，他悲惨的命运还在继续。被流放到北海无人处牧羝，羝乳方得归。面对如此境况，他说："我不相信眼泪。"没有粮食，便掘野鼠，去草实而食之；没有水喝，便啮雪止渴。冷了，便靠着羊互相取暖；累了，便抚摸着旄节，告诉自己要忠于汉朝。正是这股信念，使他撑了整整十九年。就算是卫律说的荣华富贵，李陵说的君主寡恩，也没能动摇他半分。他凭着自己的坚持，最终回到汉朝，也在历史上留下浓墨重彩的一页。

眼泪，固然是情绪发泄的一种方式，但它不是用来换取同情的工具。流过眼泪，不能说明你懦弱，但相信眼泪就证明你是弱者。我不相信眼泪，一如往昔那些不相信眼泪的古人。

# 微　笑

操　懿

坐在明朗的蓝天下，漫着淡淡茶韵，嘴角微微上扬。我爱极了这又苦又甜的茶的滋味，恍如一段漫长的人生旅行。

自从出生开始，便如一壶透明的白开水。不知欢乐，不懂悲伤；没有微笑，亦没有泪水。我想，若是一出生就知道人生的苦痛，那我们会不会不选择生命。

轻呷一口茶水，这苦涩的味道不禁让我皱起了眉。白开水自从遇到了茶叶，便有了浓浓的苦涩。同样，人生亦是如此。待到耳聪目明知晓冷暖之时，便懂得了生命的苦痛。于是，在茫茫人海中，大多的嘴角都是下耷。上扬，似乎成了一个极难的动作。

轻轻摇晃着白色的瓷质茶杯，看着金色一点儿一点儿地蔓延。泡得时间越久，茶味就越浓。在人生路上走得越远，苦痛就越多。茶，需细品；苦痛，亦需细品。

史铁生说，孩子，这是你的罪过，亦是你的福祉。

咽下茶水，口中虽然满是苦涩，却仍然有一股奇香。一股让人回味良久，久散不去的奇香，令人怀念，令人追忆。

至此我想到了弗吉尼亚·伍尔芙，想起了苏格兰的乡下，阳光透过玻璃窗散射出七彩的光环，房子里散溢着野雏菊的芬芳。四周寂静无声，只有羽毛笔与羊皮纸发生摩擦，带着一种特有的声响。她的侧脸姣美，嘴角上扬。她正写着《奥兰多》。我看着她，想起了那个癫狂的她，想起了她被病痛折磨得近乎休克，想起她选择离开时的绝望。生命的苦痛有七分，她却尝到了十分。但至少她曾经有过微笑，有过那一段属于自己的写作时光。

比起她痛苦时的模样，我宁愿记住此刻的她，记住她此刻的微笑。尽管只有一刻。

我渐渐懂得，茶中的满杯苦涩不过是生命面前的苦痛，唯有奇香，才是永恒。尽管茶的芬芳如此地淡，但它始终是存在的，始终在唇齿间四溢。

就算一刻，一次，一秒又何妨？至少我们可以记住共同走过的岁月，可以记住爱与时光，可以记住那一刻的微笑，可以记住满杯苦涩中茶的芬芳。

生命中一刻的微笑，竟然让我们甘之如饴，并愿意用一生的苦痛作为代价。因为只有微笑，才是抹平心灵创伤的唯一良药，也只有微笑，才是灰暗岁月里唯一值得回忆的似水年华。

　　作为一杯白开水，遇到茶叶后，虽然有着满杯的苦涩，但只要有那么一缕奇香，便不枉来茶杯中走一回。而我们，只要在生命的苦痛里有一刻微笑，亦是不枉此生。

　　喝干茶水，看着杯子空荡荡的，似有些怅然。但唇齿间满溢的茶香仍然在回荡。于是，嘴角不禁上扬，为茶水，亦为生活。

　　生命太痛，生活太苦，但我至少可以坐在明朗的蓝天下，泡一杯茶，细细品味苦痛，又在苦痛中回忆起往昔的微笑。然后，将嘴角弯成美好的月牙，微笑。

# 独　行

谢佩珊

## 1

不知何时起，放学的时候，习惯了一个人静坐在教室，待到夕阳西下，残霞漫天。起初是考试不得已而为之，听着头顶风扇转动的声音，偌大的教室，一个人静静地看书，偶尔抬起头来的时候，撞上了窗外那天际尽头的漫天红霞，咸蛋黄似的落日。彼时，推着自行车走在校园，广播站的歌曲把傍晚的光阴拉得绵长。

## 2

冬季的时候，五六点的光景，每每踏着余晖回家，转入那条便捷的小巷,都会不期而遇那缥缈的、仍冒着热气的薄烟,冬日里的空气充盈着扑鼻的油炸香味,我喜欢努努鼻子,轻轻嗅着,便觉得周身也温暖许多。

我也注意到,那家油条店的主人是一对小夫妻。女的笑得像雏菊一样明净和煦,沾满白面粉的手轻轻地一下一下揉着面团,再真挚地搓着,把一小个面团搓成细长的一段。男子一直憨厚地微笑着,和女子低声攀谈,接过那些细长的面团,放进油锅中滋滋地炸着,炸成一捧堪比暖阳的油条,金黄灿烂。

3

越来越喜欢一个人行走的时候,偶遇意外的小惊喜。比如,那只猫。早上放学时,慢慢地穿过嘈杂的道路,走过那片小花园,那里林荫绿树,藤蔓从小区外铁栏旁蜿蜒地攀爬。就这样静静地走着时,我遇到了它——一只懒懒的小猫。说它懒,无非是遇见了我也绝不闪躲,绝不变换阳光下惬意的姿势。它是只褐白相间的猫,趴在一辆落着杜鹃花瓣的本田小轿车车窗上,眯着眼,腹部的赘肉微微起伏着。我一时玩心大起,快步走上前去,想要唬唬它。看见我,它只伸了个懒腰,翻了下身子,圆滚滚的身体在车窗边沿扑了几个圈。而后,又眯上了眼睛,用爪子遮挡着阳光,在静谧中酣睡。我想,作为一只猫,它或许是最幸福的那一只。

## 4

在之后的许多次,我竟可以如此独行。无论刮风还是下雨,我还是坚持着骑极远的路去图书馆,冒着严寒,在冬季狂风中咬牙前进。我会提着菜篮子去市场买菜,精心下厨;挎着购物袋逛超市买日用品;一个人坐公交去探望故乡的奶奶……我钟爱那些独行时的幸福感,我知道,那是来自于恬淡和知足。结束一个人的旅行,回到家,我的目光总是落在窗边的母亲身上,她总是习惯望着那条我回家必经的路。这时,独行后的幸福感萦绕着我,包围着我。

## 我会记得

晨 曦

> 转眼间,你已不在,只是那路的尽头,一枝花在开。
>
> ——题记

回忆,它总是让我彷徨,甚至迷茫着自己是谁,过去又过了多久。可有时它又会向我奔来,像浪潮般卷我回到很早很早的时候。去与回,都是一次伤感。

近来,我总是回忆起你,没由来的。

初次遇见你的时候,是在舞蹈教室的门口,我牵着母亲的手,看你用修长的手指把簪子插入盘发里,那簪上挂着好多银饰,太阳光很强,晃得我看不清你的脸。你和母亲静静地交谈,脸上全然没有客套与笑容,只有平静和无止境的深邃,寒冷如冰。站在那里,我只觉得紧张,低下头,再不去看你的脸。

　　自此,我开始加入你庞大的班级,和许多个怀着美丽梦想的女孩儿们共同舞蹈——你称之让身体唱歌。我的容貌不突出,身体也极为僵硬,我只能带着一个梦想,缩站在最角落的地方,有时前方人影绰绰,竟看不到你的脸。我以为你会忘了我。可是你没有。

　　我自知先天不足,便更发奋练习,对着一群纤细修长的女生,我只能咬着嘴唇拼命地下压,和着汗水和即将落下的泪水让自己一次次地体验疼痛,只有疼痛才能让我有成就感。细心的你看出了我的疯狂,轻轻走到我身后,拉直我弯着的手臂,轻轻地对我说:"嗯,不错,你会成为这班里跳得最好的孩子,我坚信。"我把头靠在腿上,红着脸不会说话,余光中瞥见你笑着,满是肯定。这是我第一次见到你的笑。

　　我不知怎么,像变了一个人一样,更疯狂地练习,甚至将脚趾磨伤。我开始站在前面的位置了,眼睛追随你的每一个动作。我想起了从前一只裹茧的蝶,我觉得我就像它一样。而你呢,你不再对我说更多的话,但我分明在你眼睛中找到了你的信任,你的期待。你把我升到了最高一级的班,让我成了那里最小的成员。你一次次给我布置看似不可能完成的任务,但在你的注视下,我竟总是奇迹般地做到完美。你的眼神,给了我极大的鼓励,就像一只无形的手推着我不断前进。

自那时起,我迷上了一个词——蜕变。在你的见证下,我一次次完成了人生的蜕变,那过程中有汗水,有泪水,有快乐,更有你。

老师,我会记得,记得那段蜕变的日子,记得征服困难时的疼痛与辛酸,记得成功时的喜悦和自豪。我会成为最好的一个,不论曾经怎样,只要我付出过坚持过,就一定可以。我更会记得你,记得你说过的话,很长很长的,像永远一样长。

# 门 里 门 外

田育灵

看到那扇古朴的木门，还是朦胧不清的模样。梦中遇见它多少回，都是拦不住的泪糊了眸，没有勇气，去推开它。

有人说，它是使人堕入地狱的死亡之门；也有很少的人，他们已经通过了那扇门，他们留下一摞书，告诉我们那是天堂之门，那边，有一个极乐世界。而那些书，人们称之为名著。

门里门外，多少人在张望，又有多少人在回眸。

惊醒，蒙田所著的《蒙田随笔》中"论死亡"三个黑体字映入眼中。我从书桌上爬起，合上了压皱的书页，苦苦一笑。我果然未到那般境界，正视死亡，直面人生。

曾无数次在记录惨祸的片子中闭眼，内心怀着惊恐，感叹生命的脆弱；仍记得梦中一次次地醒来，不敢睡去，却因黑暗又不得不催自己入眠。我很害怕离开这个世界，怕到不愿意触碰它，甚至过分宠溺自己的一言一行。懦弱的心理存在体内，一遍一遍催眠。

那扇门明明是那样简单，只要推开，便可以直面人生，而所谓的害怕死亡，只是给自己一个苟且偷安的借口。为什么不能光明正大地好好活着？为什么不能用精彩的人生告诉死亡：即使有你的威胁，也不能阻止我放射自己的光芒！

往往，越是简单的事物越容易被复杂化，越是浅显的道理越显得深奥。

人们总是害怕那一天的到来，害怕那一扇门会离自己越来越近。或许有人喊着不怕死的口号，却在偷偷地逃离它，或许有人不但不怕，心里还想着未完待续，明日何其多。

在面对那扇门时，人一定会流泪，他们突然发现一切是那样美好，曾经抱怨过的世间竟是这样令人流连。但如果推开那扇门，就会发现，自己拥有世上最美好的东西——生命。

# 芳草萋萋

肖 宇

与当今喧嚣的时代相比，草于无声之中显得格格不入，但草的青翠却染绿整个世界。

草与大地是同在的，早在远古时代，它们就开始了自己的行程。草与人类是友善亲密的——新鲜的葱绿可以丰富视觉，飘逸的气息可以喂饱嗅觉，肥嫩的叶芽可以哺育生灵。

我信步于杂草丛生的田间小路，用双手托起一片草叶，用颤抖的心轻轻抚摸。那被风吹雨打锤炼成的厚实坚韧的叶子刺痛了我的双眼，高高凸起的清晰叶脉让我不禁怦然心动，这是怎样的艰苦岁月成就的生命脉络，上面还残留落叶的斑驳痕迹，似在诉说生存的原则，与生俱来的永远被黄色掩盖不了的绿色却又告诉我们生命的奇迹。

抬头远望被细风掀起的层层稻浪，迷蒙中看到了荡漾在浪尖的母亲的身子，压弯了沉沉的稻穗。每天，母亲疲惫的身影在村头和村尾穿梭着，日复一日，年复一年。终于，在秋天的风赶走大地的浓绿的时候，也一并带去了她脸颊的光滑、鬓角的乌黑，留下的只是一双长满老茧的、一到天寒即裂开口子的手和田间滚滚的稻浪。抚着母亲的手，心很痛，甚至想用眼泪浸润这双手，用绿色来重新涂染，还它本色。

母亲是位地道的农民，和土地结下了深深的情缘。她用半辈子的时间与草打交道，从中悟出草的真正品性。那天，和母亲在地里拔草时，母亲突然说："其实，草的要求不高，有阳光，有雨露就足了。但它同样能在春天破土吐芽，在夏天浓郁茂盛，在秋天平静地退出。紧接着是积蓄力量等待第二年的蓬勃，其间的野火焚身、冰霜浸骨对它来说都不是困难。"

我接着母亲说："就像手中的这些草，虽然离开了大地，却能以自己的身躯去哺育生灵，这不也是一种奉献吗？"听我这样说，母亲那长满皱纹的脸上溢出了赞许的笑容。

笑得很浅，浅得自然；草在舞蹈，舞得平静。

## 这样多美丽

严 芳

日子已进入夏天,离中考的脚步越来越近,心中总不太宁静。

天气燥热,烈日当空,狗汪汪地叫着。打开空调,拉实窗帘,闭目躺在床上小憩,却总被窗外叽叽喳喳闹腾的麻雀或轧轧碾过的车轮声搅得心烦意乱。

我的火气似乎大了起来,父母提醒我吃饭的好意也被我呛了回去,像往常一样,我的发泄以他们的"告饶"而收场。

桌上的饭菜总以我的喜好为标准,口味不错,便没了"发泄"的源头。吃过晚饭,在屋里走了几圈,然后,便坐在书桌前想好好复习功课,可那些似曾相识的文字和图形都显得狰狞可憎,于是决定去河畔散散步。

走出家门。天,阴沉沉的,风,将楼下的银杏树叶吹得簌簌作响。

不知不觉到了河边。小孩子嬉笑着打闹，拴住宠物狗自由的项圈上的铃铛叮当作响。烦死了，我心中暗道。

我低着头继续向前走，又想起了作业，想起了即将到来的考试，思绪乱了起来，便在远离人喧狗闹的地方停了下来，伏在护栏上望着河面。河水平静，缺少往日那种滚滚流淌的气势。对岸的芦苇浩浩荡荡，随风摇曳。

我绕过去，走进了那一片芦苇丛，包裹在绿色的波涛中，再也听不到对岸人声狗吠的喧嚣。风将芦苇推在我身上，轻轻的，柔柔的，痒痒的，好舒服。不知名的虫儿鸣叫着，随着芦苇叶摇曳的节奏，褪去了我内心的繁杂之音。一切都那么闲适，那么安宁。我在这一片浩浩荡荡的安静中，享受着世界给我一个人的美丽，心中的孤寂和烦扰，都如云烟般飘散。

原来，一切都要顺其自然，不需要刻意纠结。把心态放平和，世界给你的将是你所需要的。就算是有束缚和羁绊，也要旋转出最美丽的舞姿。

天开始暗了，可我的心越来越明亮。我用力呼吸着，空气中弥漫着潮湿的清新，混着青草和苇叶的独特味道。我真正体会到了什么是酣畅淋漓。

我慢慢地走出芦苇丛，微笑着走回家中。

带上你的心，出门散个步，心平气和地享受安静的环境和时光，让你的焦虑和浮躁被扫除干净。这样多美丽。

## 追求梦想，践行梦想

鲍周洋

寂寞的石头梦想着能够飞翔，所以它追求着这一刻，尽管只有一瞬的时间与天空接触。因为梦想，所以追求，最终梦想成真。

我想，在石破天惊的那一瞬间，石头是幸福的，它在向着梦想迸发，它的内心必定是百感交集，喜悦，满足，然后带着欣慰的泪水坠落。为着梦想执着奋斗的个体总会让人敬畏。

追求梦想是一个曲折艰难、永不言弃的过程。著名的钢琴家周广仁在一次车祸中手指骨折，双手只有三根手指可以活动，他也曾自暴自弃，怨天尤人，也曾失望彷徨，但他有着还未完成的梦想，他渴望去实现它。最终，凭着他超人的意志，创造了奇迹，又有三根手指得以复原，最终他凭借六根手指登上了世界舞台，如同石头一样，飞出大山，冲上了蓝天。

海明威曾说过："拳击教会我绝不能躺下，我总是第一个跳起来准备再次冲锋！"于是，海明威期待、追求，终于写下了不朽的文学史诗《老人与海》。海伦·凯勒说："黑夜让我珍惜光明。"即使什么也看不见，什么也听不见，她依旧坚持着，做着正常人所不能做的事，付出的是正常人几万倍的汗水，她也能在内心的期待中看见希望，成为最伟大的盲人女作家。

梦想存在不代表万事大吉，只需等待成功的降临。人人都有梦想，可并不代表人人都会成功。要让梦想变成现实，需用心去践行，如石头一般，坚守自我，执着追求，将那份属于自己的梦想变成追求。

追寻梦想的人是超越自我的。特别是那些平凡的"草根"一族，社会底层的人们，最终能站在各自梦想的"舞台"上，靠的就是他们敢于超越自我的梦想。梦想，是李明博从一个贫困学子摇身变成韩国总统的力量源泉；梦想，是奥巴马由一个默默无闻的黑小子一跃而为美国总统大选黑马的根源所在。在任何时候，无论我们所处的位置如何，都不能放弃梦想的权利，纵使卑微，纵使像那块找不到知己的小石头一样默默无闻，也不能放弃梦想，放弃这通往成功的必由之路。庄子怀揣着梦蝶回归自然，他之所以能够在清风明月中做一棵守卫月亮的树，是因为他有一颗对纯朴自然的追求之心，无为而治是他的期待。一篇

《逍遥游》足以彰显他的期待,令其能逍遥于华夏大地几千年。

人总该有颗执着的心,追求梦想,践行梦想。人生的价值在于奋斗,实现梦想是最大的幸福。若耐得石头成山般清苦,梦想终会成真。

# 我是我从未遇到过的人

赵晓萱

我是我从未见到过的人。

在宽广无边的世界里漫游,在形形色色的人海中穿行,我可能会遇到任何人——唯独除了自己。我未曾见过自己,也永远不会见到自己。我无法向别人打听关于自己的消息,也无法与自己分享我遇到的事——我是离我最近又最远的人,是我永远接触不到的人。

如果有那么一天,我出现在我面前,我想我们都无话可说。我试着和我交谈,却想不出说些什么。我对自己来说,是如此陌生的一个存在。

我是谁?这是千百年来哲学家不断追寻探索却从未解开的一个谜。在抛开了一切代号之后,站在世界某个角落的那个"我",究竟是谁?

我是我从未等到过的人。

有很多问题，别人无法代替，于是我只能等自己知道的时候，把答案告诉我。我期盼着岁月流逝后的我会是现在我所期盼的模样，可那个我在远方，从未回来过。我只好带着一大堆疑问，日复一日地温习它们，等待有一天，我所带回的答案。

我等着见见自己，看清我是个什么样的人。可我在我的印象中那么模糊，无法辨认。我不记得我的相貌，不清楚我的性格，不知道我的爱好。我是我面前那么深不可测的人，我是我从未认识过的人。

我是我从未想念过的人。

我那么平静地和昨天的我擦肩而过，没有告别，没有回头，没有纪念，没有留恋地向前走去。我和五千多个自己分别，那些个我就凭空消失在我身后。我怀念的总是过去的场景过去的人。我从未想念过过去的自己。

就在这充满未知的旅途中，我最应见到的人，却也是我从未了解的人。我不断寻找自己，像过往那些认真勤奋的哲学家所做的一样。

我希望有一天能听到我的消息。

即使我仍然是我从未遇到过的人。

## 美好的旅行

陈　玺

换掉我身上的旧电池
感情的界限已到此为止
放心这并不是什么末日
世界还是老样子

——题记

总是幻想着自己的初三是轰轰烈烈的，于是总在日记里写着：九月一号我就要开始崭新的生活，要拼搏，必胜。最后还不忘画上个笑脸。

可是当学校的钟声再次在我耳边盘旋的时候，我才意识到，"初三"这个敏感的字眼变得如此平淡。

这间见证了几届毕业生的教室，终究开始上演了我们的故事，在这里，每个人都是主角，每个人都有上镜的权利。而镜头几乎是一般模样,大家都在埋头苦读,连下课简短的十分钟都不放过,教室里的空气明显凝重了,我压抑得连喘息的机会都没有。

日子平平淡淡正正常常地往前跑,每一天的阳光都是清新的。电视里的《新闻联播》依然按时播放,操场的人们每天沿着红色的跑道飞奔着,升旗仪式课间操也没有因为初三的到来而终止。一如既往地,我每天清晨背着书包走着那条熟悉的小路去上学,每天正午在钟声的陪伴下带着饥肠辘辘的肚子顶着炎阳走进家门,每天晚上在台灯的照耀下在冷气的吹拂下握着滑润的水性笔填满一张张空着的练习卷。

数学老师仍然带着义不容辞的语气讲完二次根式,然后就是测试;英语老师仍然挂着活泼的笑脸讲了课,一个单元就在她温柔的声音里接近尾声;语文老师仍然坚持他"微服出巡"式的提问方式。除此之外,还有化学老师、物理老师、历史老师和政治老师,他们都用快速的语气,换来了我笔记本上密密麻麻的字和即将到来的月考。

生活依然在继续,只是这条路的终点有一个检查站,而检查站的出口,是另一条路的入口,无论如何,我们都希望路的终点春暖花开。

我愿意把初三看成是一场美好的旅行,在这场旅行中,我会学到很多我以前学不到的坚强与毅力,我会在沿途看见许多美丽的风景,偶尔被路石绊倒跌跤,也要学会自己爬起来，这场美好的旅行啊，在未来的回忆里会变得温暖而又珍贵。

"初三是每个人美好的旅行，泪水和笑声都尽收眼底，伤心时旅行逆着风前进。"

# 花　　期

田育灵

　　那一树白桃开得清绝艳丽，远远望去，如纱，如云，在春风中招展。优雅的枝丫舒展着，一朵朵或含苞或绽放的花朵如精灵般轻灵而调皮地跳动其上，仿佛不食人间烟火的仙子，却在平凡的土地上张扬属于自己的美丽。

　　早晨一醒来，脑海中便映出去年春天那属于白桃的记忆画面。又想起昨日偷偷折下的两个白骨朵——算起来也不能说"偷偷"，至少看到它插入花瓶时我是没有愧疚感的。我摇了摇头，散去梦幻的臆想。眨眼间一节课已下，嘈杂的教室与窗外喧嚣的街路沐浴在阳光的洗礼中，书本上、课桌上的阳光也雨露均沾地布施恩泽，心中却是一片寂静、安宁。"咱们出去走走吧，阳光好灿烂。""嗯，走吧。"身前身后渐渐传来愉悦的对白，之后是椅子拉开的吱呀声，最后轻快的脚步声渐渐消逝。我抬眼看前方，是空荡荡的桌椅；回头看后方，亦是只有阳光毫不留情的扫荡。都走了，所有人都被最亲密的朋友唤出了此阳光，唤入了彼阳光。我也坐在阳光中，看向我最好的朋友，她趴在桌上，身旁围着五六个男生女生，说笑声冲击着我的耳膜。

没有一朵花会放弃绽放，即使一枝独秀，也要争得自己的春色。"嘿，这么用功，还在写日记啊！"被突如其来的风景晃了眼，好友的笑容在眼前绽开。我舒心地笑了笑，向她歪了歪脑袋，喃喃道："是啊，今天天气真好。"再次看向最好的朋友，她抬起头来，向我一笑；我招招手，以示回应。

再经过那株白桃，我细细端详每一朵绽放的桃花，层叠纯白的桃形花瓣儿，清丽而又妖娆地在春风中张扬，宣告自己的美，不论是否有人注意它努力的结晶。它似乎除了颜色没有任何出众之处，可它所有的花苞都会以最美的姿态迎接春的来临。有什么理由因为普通而颓唐呢？又有什么理由因为孤独而怨天尤人呢？既然选择了做一朵美丽的"花"，那就要以最好的姿态在一辈子只有一次的花期中灿烂。

回过神来，我穿过灌木丛，走到树下伸手摘下一朵开得美丽的花朵。我向白桃歉意一笑，喃喃道："有花堪折直须折，莫待无花空折枝。"

# 风可以穿过荆棘

杨澳钦

风,载着希冀,带着种子飞翔。

一不留神,却将种子丢在了荒地——

于是种子怀着仇恨开始生长:它霸占着一方盐碱,尖锐的刺儿在阳光下狞笑:

"风,你来吧!遍体鳞伤也是自找的!"

可是,别忘了!风是自由的,风是无形,风是永远无法捕捉、永远无法伤害的美丽!

看着风从自己身旁轻盈穿过,还是那种熟悉的温度,那种曾经亲密的味道,荆棘再也无法克制,燃起愤怒的大火,在那片荒地上,演绎出最雄壮,同时也是最悲凉的终结。

…………

那么,我是做荆棘还是风?

两个星期调换一次位置。那是一个靠前的角落。傍晚的时候，阳光从教室那边的窗户斜射进来直直地打在黑板上，然后又反射进我的眼睛里——

那样的世界既是昏暗，又是炫目，我丝毫看不到黑板上的字迹，真懊恼！课后，我总是边借同学的笔记马不停蹄地抄着，边抱怨这位置是多么多么偏僻，我又是多么多么可怜。就这样嚼蜡般地过了两三天，我苦着脸找到老师，语气里满是委屈和不快。

于是老师给我讲了那个风和荆棘的故事，又拍了拍我的肩。我稀里糊涂地走出办公室，一路上，心都颤颤地——那是一种徘徊在顿悟与无知间的迷茫。

就在这时，我心里跳出了几米画本里的一句话：我总是在最深的绝望中，瞧见最深的美丽！

就像阳光在黑暗中撕开一道口子。

只要足够强大、足够智慧，即使绝望，也有转机——爱能征服世界，阳光可以穿透黑暗，风，可以穿过荆棘！

我要学会的，是可塑，是无边。

遇到困难，难道要像刺猬一样紧缩成一团，就此停滞吗？不！而应该敞开心扉，让无形的勇气裹挟着自己穿过荆棘，飞跃重洋。待到成功那天，回望那片荆棘，面朝大海，奖励我的自然是记忆里的春暖花开！

其实荆棘大可以放下过去，任凭风儿帮它拭去仇恨，风可以穿过荆棘，荆棘为何不能绽放生命的华彩？！我更爱这样的结局。

领悟是时光的礼物

# 大地之心

周　颖

"大地是有心脏的,别看它总沉默寡言的,其实你一年的辛勤耕耘,它都看在眼里,收获的季节,它会用最好的成果回报你。"这是外婆爱说的一句话。

外婆住在老家,简陋的砖房和木桌椅,是整天陪伴她的东西,她却偏对它们情有独钟,不愿搬到城里,一心侍弄她的作物。

她是很典型的农民,晒得黝黑如土地般的皮肤,微微佝偻的背,身材矮小——就像她终日劳作的土地。田地不大,却因了她的呵护,一片盎然。秋日,晚风掀起金黄的稻浪,送来清新的稻香,映入眼帘的灿烂令人目眩。

我本是不爱回老家的,那里脏乱而破旧,对田地也没了儿时的好奇心。但那天因了妈妈的要求,不得不踏着崎岖的乡间小路,去给外婆送水。

外婆很随意地坐在田埂上,遥望着丰收的田地,微风吹起她斑白的碎发,沧桑的脸上露出欣慰和凝重的神情,眸中如隐藏着暗涌浮动的大海,浑浊又清澈。

心中突然蹿出一种无法言明的情愫,我跑向她,她立即放下手中的铁锹,脸上有浓得化不开的慈爱,接过水壶豪爽地咕咚咕咚地灌下去。外婆的身影竟与这金色的背景如此和谐,仿佛她本就该是其中的一部分。稻浪起伏,渲染得外婆恬淡的微笑愈加明媚,与秋日的阳光交相辉映。天地间似乎流动着香甜的蜜,甜了人的心。

远处仍有不少农人辛勤地忙碌着,他们的脸上都挂着和外婆一样的笑容。他们就像是土地那坚实跳动的心脏,每一次播种与收获都是在为土地注入新的生机。心脏的收缩,是他们抡起锄头时绷紧的手臂;心脏的跳动,是锄头没入泥土发出的铿锵之音;心脏上的肌肉,是他们手上、肩上一个个眼睛般的茧子;心脏那鲜灵活跃的气息,是他们休息时喘出的粗气……

大地之心是土壤中滋润植物的养分,是农人辛劳的身影,是外婆身上折射出的善良朴实,正是这些使大地生机盎然,才有了硕果累累和郁郁葱葱,才有了人们收获的喜悦与温暖。

太阳渐渐西下,我挽着外婆细瘦的手臂向家走去,如挽住了整片土地,挽住了整个沉甸甸的世界!

# 百转千回

刘一畅

从年少到少年,两个字看似只是位置的颠倒,可是真正实现这两个字的变动,其间要经历多少的沧桑变化。或许,用"沧桑"并不合适,我们的人生毕竟才走了一小半。站在这里,驻足回望,过去的一幕幕就像胶片电影一样在脑海中放映。一年前、三年前、五年前甚至更久更久以前的自己,她们在我回头的那一瞬间,都从远处蹦了出来,手拉着手站在我的面前,笑嘻嘻地对我说:"我们就是曾经的你呢。许多年前我们是这个样子,许多年后我们还是这个样子,可是你好像变了好多。"我知道,过去种种都如同刚发生过般存在于我的记忆之中,即使岁月流逝、季节更迭也无法就消逝于无形之中。那都是我曾走过的路,曾经历的蜕变。唯有踏过它们才能走向我的明天。

白驹过隙、岁月如梭、时光飞逝……这些都是用来形容时间游走之迅疾的词语。而这快到让人无法有太多反应的过程也恰恰印证了那句话：青春和美丽是不会永远留存的。时光会带走青春，在你的脸庞上留下岁月的痕迹。所以，要在人生短短几十年找到可以使自己的双脚坚定站在大地上的东西且不会被流光所抛。犹记得一部电影里的一段台词："我认识你，我永远记得你。那时候，你还很年轻，人人都说你美。现在，我是特地来告诉你：对我来说，我觉得现在的你比年轻时更美，那时你是年轻女人，与你那时的面貌相比，我更爱你现在备受摧残的容颜。"

——与你那时的面貌相比，我更爱你现在备受摧残的容颜。

那是一种饱尝人间冷暖、世态炎凉后，充满坚定隐忍与沧桑的美丽。

走在通往未来的道路上，离过去越来越远，离梦想越来越近。当我迈着并不轻盈的步伐坦然地走着的时候，心中渐觉动容。我们一路这么走来再这么走下去，在不断逝去的年华中渐渐磨去棱角，也不管我们愿不愿意。唯有在回首中暗自唏嘘，并咂摸人生的滋味。

生命之路途百转千回，不断有人走进与离开。因有了这千般流转的人生，才使我们更加懂得铭记与感谢，珍惜与完满。

我们的人生应是一条河，波澜不惊，生生不息，并且能深刻体味到唯有安静的流水方可流得深彻而绵长。所谓静水流深，任何深厚的感情都不会有一个热闹的表象。

"无须更多言语，我必与你相忘于江湖，以沧桑为饮，年华果腹，岁月做衣锦华服，于百转千回后，悄然转身，然后，离去。"

百转千回，殊途同归。

## 凝视闪电

贾 晔

三岁前的记忆并不多,但我总能想起那个夏夜。窗外风雨雷声大作,树枝呼呼摇摆,夹杂着闪电,风拍打着窗户。屋内亮着温暖的光,我和妈妈坐在地板上玩着游戏,即使是震耳的雷声,也不让会我觉得害怕,因为妈妈在我身边。

可风一直在呼啸着,突然间,紧闭的窗户被吹开了,窗帘倏地被掀起。大风吹进屋中,我一转头——就在那一刹那,明亮的闪电划过天穹,夜空为之一震,分成两半,剧烈的声响随之而来。我惊得叫出了声,仿佛看见夜空背后深藏的玄机。妈妈连忙关上了窗又拉好窗帘。屋内温暖的光依旧,面前仍是一地五颜六色的玩具,桌上照片中我的笑靥甜甜,可是,我却觉得,一切都不一样了。

长大之后,我总会回想起那个晚上。短短几分钟的经历,我却觉得其中包含了很多。三岁的我并没有一瞬间领悟到什么，但我看到了之前不曾看到的东西。黑夜为闪电而一破的刹那，我幼小的心中也许已感受到自然的强大。

凝视闪电的一刻，我怀着敬畏之心。

九年之后，秋雨绵绵的阴沉上午，一个电话打来，泪水浸透。坐在轮椅上的姥爷的微笑还嵌在我的记忆中，可是眼前，他已离我们而去。那是第一次，我对生命的终结有了认识；那是第一次，我那么深刻地意识到，人的生命相比于宇宙只是过客。

我向来喜欢龙应台的文章，她的"刚"洋溢在文字之间，但她的"柔"也脉脉流淌。我看到，性格中饱含刚强的她，面对父亲的逝，母亲的老，在无可奈何中开始了对人生的再思考。我渐渐发现，每个人都不得不怀着一颗敬畏之心，对待生活中的一切风雨抑或尘埃。

我想，人的生命中，总会经历所爱的人的逝去，终将也会经历自己的逝去。法号弘一的李叔同，总是在母亲的祭日，点起油灯，砚中调墨，素心书写《无常经》：有三种法，于诸世间，谓不可爱、不光泽、不可念、不称意。何者为三，谓老、病、死。多才多艺，又曾充满家国忧思的他，也许正是因为能带着一颗敬畏之心，才能看透很多难以看透的事物，像一轮明月，照耀天心。

曾经凝视闪电时，我经历了前所未有的震撼。一生中，会有无数件事情，一次次改变我们，塑造我们的灵魂。一个人面对生活，应有强大的内心力量，如此才能让我们短暂如过客的生命，用思想给漫长的宇宙一个定格。

# 兰草一颗心

何雨瀚

外婆是一个爱养花的女人。

每次来到外婆所住的小园子里,那里都是群芳相争,春则白兰密缀,夏则梨花如雪,秋则橙金满园,冬则暗香梅绽。在这个很旧的园子里竟盈满了外婆这么多美丽的心血,每次剪下几朵小花收藏的我也总是禁不住地羡慕。能像外婆一样将心血灌入一个自己喜欢的地方,谁又能说这不是一种幸福?

那日初晴,我循着花香来到了外婆家,推门而入又是一片绿意,只是外婆却皱着眉看着那丛小兰草。那丛兰草我是认得的,很嫩很小,不知道前不久染了什么怪虫,青绿的叶子开始泛黄、泛白。"何必要纠结呢?把它丢了不就了事了吗?"我郁郁地告诉外婆。现在的节气那些娇艳的三角梅像火一样点燃园落,只有这丛兰草像石头一般冻在土里独自发黄。外婆像孩子一样嘟了嘟嘴，没说话，继续观察着兰草。我耸耸肩走向那些三角梅，一园的花开为何愁于那小小兰草呢？

自那以后，我已经很久没去外婆家了。"喂，你知道吗？下次去外婆家要戴口罩，花园里的兰草都喷了药。"妈妈有一搭没一搭地聊着，我听后皱起眉，为了那些兰草至于吗？但我还是老老实实地戴上口罩跟妈妈去了外婆家。

进了门，看向四周花色如故，我还是一眼认出那丛兰草。天哪！这真的是以前的病草吗？修长柔美的枝叶像天鹅一样舒展，青绿得如同要将大地的所有能量都释放出来。这真的是那丛病草吗？

外婆提着一个小小的水壶走出里屋，仔细地浇灌兰草，我仿佛又感觉到了她的美丽，从那张带着皱纹与暗斑的脸上。

"何必要将它挖走呢？君种芭蕉，何必怨芭蕉？妮子，我们做事不只是要把我们喜欢的做好，我们还要把自己选择做的也一样做到尽善尽美。心啊，就不能不专。"外婆提着水壶，在花丛中印下一个我忘不掉的身影。我知道，外婆在我的心上也种下一棵小小的兰草，修长美丽，绿意盎然。

生活在这个世界上，我们可以选择做很多事，自己喜欢的，不喜欢的。但是能带有一种永远专注的心却并不容易。心不能不专，心同样也不能不清。我们不能将心刻意地向世界表达出来，但是我们可以将之寄予一些事物上，如兰草、如群芳。君种芭蕉，何必怨芭蕉呢？保持住本心，将心中的"芭蕉"一直悉心照料，你总会知道在春日来临的那一刻，你的心在一方土地中执着地成长。

# 江 南 柳

朱思远

　　柳是江南水边的精灵,袅娜的枝叶粗拙的皮,深藏一颗不灭的灵魂。

　　水美江南,池塘边、清河边、小溪边、大湖畔,一株株柳成长为一首首妖娆的诗。水滋养柳,柳装点水,水柳一家亲。柳叶青青,浓绿处,深藏一片属于自己的海。皲裂的树干,是一幅粗糙的皮囊,在清水的倒影中,映衬出生命的不易与壮丽。树皮的裂口静静地记录一段段无关风月的旅程,厚厚的,累成生命的沉积层。

　　柳音是江南水边最美妙的旋律。树无言,风有语。柳枝之繁,灿若满天星辰,密如青丝,春日清风徐来,沙沙如恋人偶语,夏天朗风飘过,呼呼似累牛喘息,倘若暴风袭来,哗哗像孩童喧闹。清人李渔说:"柳贵于垂,不垂则可无柳。柳条贵长,不长则无袅娜之致,徒垂无益也。

此树为纳蝉之所，诸鸟亦集。长夏不寂寞，得时闻鼓吹者，是树皆有功，而高柳为最。"年年柳荫浓，岁岁蝉声俏。村前村后，柳树成荫，枝头鸣蝉此起彼伏，嚷嚷着，一刻也不消停。

江南人记得柳好，亦不忘柳之妙。农人折枝，是实用主义美学，编个枝帽，扎只柳筐，抑或插枝以期长出更多柳来，随手取用。女人折柳，折的不是枝，是情思。依依，是江南春柳派生出来的眷恋之情。缠绕，是江南春柳衍生出的思恋之情。"灞岸晴来送别频，相偎相倚不胜春""攀条折春色，远寄龙庭前"。古时送别，凄清水边，舟岸两处，不胜挽留的酸楚，离别的悲伤，一任柳枝恣意无声地抒发。

"梨花淡白柳深青，柳絮飞时花满城。"一城春色一城絮，狂颠的柳絮，点点白嫩的轻柔，让人无处逃避。白绒的絮是柳的种子，转身，尽是如此浪漫而快乐的旅行。

柳树天生一个百变之身，枝丫插地即生，无心无意，即成荫成林。蚯蚓那百变金刚之身，断一截，不是生命终结，反而新生一命。柳是植物界的蚯蚓，是江南的树精，灵魂里潜藏着新生因子，便常插常新，生命在断裂与入土的疼痛中一次次复苏。

抒发再生的奇迹，吟咏不灭的灵魂，这不正是江南柳吗？由此就不难理解历代文人雅士，如谢道韫、陶渊明、柳宗元、苏轼、欧阳修、左宗棠、蒲松龄、李渔和丰子恺等，为何会那般钟情于它了。柳之于他们，有不可企及的人生寄托，无以言传的深层意蕴，是升华灵魂的生命道具。

　　灵魂不灭，生生不息，江南柳啊，你是灵魂的诗篇，生命的乐章。

# 一元一袋的幸福

杨舒文

坐在肯德基里,我读着报纸——《ipad新一代来袭,果粉争相购买》,不禁感到疑惑——科技发展如此迅速,我们花费越来越多的钱,又能买到多少幸福感呢?暖气蒸得人脸通红,窗外雪才停,阴冷阴冷的,我喝下一大口热果汁,却还是打了个寒战。

出了门,强烈的温差使我更觉寒冷,小跑着拐向荷花池南街,再过一会儿就到家了。

平日喧嚣的街冷冷清清,只有几家商铺主人铲雪之声,在街上空悠悠地回荡着,有些无力。

然而令我惊讶的是,路边竟还有一位老奶奶推着破旧的三轮,上面摆着一个白色的泡沫箱,红色的字格外醒目:米糕,一元十个。

我不禁走上前去,老奶奶正坐着打盹,见我来了打起精神:"姑娘,你买一袋吗?"

我并没有打算要买,只是奇怪这样的天气,她竟然还出来摆摊。她看出了我的意思,眼里流露出请求:"不贵,是自家的老手艺,好吃着呢,天冷,买一袋吧!"

我只得掏出三块钱,她高兴地摸出三袋热腾腾的米糕递过来,顺手将钱放进一个破罐子,我扫了一眼,那里只有稀稀落落几个钢镚儿。

"趁热吃,好吃呐!"她笑眯眯地说。我解开袋子——好些个玲珑的小东西!梅花形状的米糕,缀着些黑芝麻,白白胖胖,整整齐齐,又嫩又可爱。在这阴冷的天气里,它们一个个好像对着我笑似的,好温暖!

更美的是那袅袅的香气,也如梅花香一般,眼前仿佛展现出一幅极美的画面来:梅花林中,采撷一朵,刹那变成了一块喷香的米糕。

"这糕……卖得也太便宜了!"我说道。老奶奶笑了:"都是老主顾了,哪能涨价!生意不好做啊!"她突然瞥见我手上肯德基的打包袋,皱了皱眉头,嘀咕了一声,"现在的年轻人。"便不再言语。

我端详着她,她脸上有着关切,有着愠色,夹杂在一起。在这样的一个老人、这样的一袋梅花糕面前,我那肯德基的袋子,仿佛耷拉了下去。

她回过神来:"快吃!你怎么不吃?凉了吧,我来给你换一袋。"她抢过我手中的糕,又从箱底掏出一袋更加热腾腾的，塞进我手中，我嗫嚅一声"麻烦您……"她却笑着："不烦，横竖今天也卖不完了！"

我静静解开袋子，小心地捏了一个塞进口中。梅花浓郁的香气，缓缓下肚，仿佛钻进了我的心中。眼前的糕，真仿佛梅花一般，万分明艳，吃完一块，唇齿留香，内心也亮堂起来。这梅花糕，仿佛印在心里了。

"好吃吗？"她笑眯眯地问。"嗯，好吃！"我赞不绝口。她十分幸福地笑着："你们说好吃，我就开心。"

听后，我不禁有些震撼，她的幸福，不在乎那破罐子中寥寥几枚硬币，不在乎寒风中独自守着小摊，而只是一份普通的快乐，只是一份内心的满足。而她不知道的是，她守着这寒风中的三轮车，更是守着一份渐渐被遗忘的传统。

我揣着三袋米糕离开，感到沉甸甸的。嗅着那馥郁的香，我相信，这样的米糕一定不会失传；这样的老人，也一定会以她的一颗慈心，给别人送去难以忘却的幸福吧！

幸福真的与金钱成正比吗？不，其实，幸福只是一份坚守，一份执着，一份爱，足矣。

倘若钱真的能买到幸福，我相信，标价是"一元一袋"。

# 放风筝所想到的

黄杨锋慧

周末,闲来无事,正逢多云大风的天气,便与友人一同去放风筝。

草地上已经聚集了不少人,大多都是放风筝的。几个风筝已经成功"升空",在蓝色的天幕上抒写着初春的旋律。风筝,有着天空最美的笑靥,又像是一位翩跹起舞的仙女,给这春天带来了一抹亮色。一阵劲风吹过,风筝摇曳,那"蝴蝶"似乎扇了扇轻盈的翅膀,越发栩栩如生起来。

我们也赶紧忙活起来,生怕这一块小小的天空里容不下我们迟来的风筝。用两根细长的棒子一支,一个竖着,一个横着,便将这"凤凰"的羽衣撑了起来,倒也算得上结实了。再给风筝系上风筝线,牢牢地打了一个死结,唯恐这风筝断线而去。

轻提风筝线，恰逢一阵风来，那"凤凰"便轻而易举地飞上天了。风出奇地大，树叶交错间，簌簌作响。不多时，"凤凰"便越飞越高，风筝线也飞速抽离着，线轴"嘶啦"作响。原本控制风筝线的双手感到摩擦带来的灼热，不由缩了一只手回来，只剩单手控制着线轴。风越发地大了，丝毫没有停下的意思。我凝视着那风筝缓缓升高，心也随之而去，一时恍惚。忽觉有丝异样，耳畔似乎没有了线轴的转动声。俯首一看，竟是线已用尽，线轴上早已空空如也。凝视着断线而去的风筝，我不禁有些怅然。

是欲望在作怪吧！总想自己的风筝飞得高一点儿，再高一点儿，把太多的注意力放在了这上面上，却忘了控制风筝线，忘了控制自己的欲望。在这强风的影响下，风筝越飞越高，直至筝线用尽，随风而去，唯余心中的懊悔与失落。

生活中又何尝不是如此呢？在这利欲熏心的时代，我们总奢望着多一点儿利益，多一点儿便利，越多越好，毫无上限。在欲望的不断膨胀下，我们的"胃口"越来越大，不满足于现状，企图拥有更多。可现实总是残酷的，万事不可能皆如我们所愿，我们所被给予、所能接受的终究是有限的。风筝线只有那么长，如果想飞得更高，拥有得更多，反而会适得其反，到头来竹篮打水一场空，线断了，风筝飞了，甚至连你原本拥有的也会随之而去。

古人云，壁立千仞，无欲则刚。在物欲横流的今天，谁又能独善其身、无欲无求呢？我们所能做的，就只有节制欲望，把住欲望的船舵，驶向正确的人生港湾。既然欲求无法摒弃，那么就用心的缰绳来节制它吧！即使在这过程中，会有擦伤、挫折，甚至失败，但我们不能放手，因为，一旦放手，我们将失去拥有的一切，两手空空，落魄而归。

古往今来，凡成大事者，必有强烈的欲望，有欲望并不可怕，关键是不要被欲望牵着鼻子走。学会控制自己的欲望吧，这样，你才不会失去你已经拥有的一切！

# 逆　转

刘　倩

　　驻足于来来往往的路口，人多的地方有欢歌笑语，人少的地方更有蔷薇盛开。

　　　　　　　　　　　　　　——题记

　　像是给思维打造了一个框架，在脑海的某个角落总有一种"随从"，你说这是一种常识。

　　在这常识中我应该向着阳光走，顺着风走，乘着波浪走，随着"潮流"和"真理"走。

　　可我发现逆着行走的人们也走出了光彩，逆行化成了光环。

　　逆行的是傲骨。

　　"安能摧眉折腰事权贵，使我不得开心颜"，是他铮铮铁骨中最真挚的情怀。当世俗的眼光抛向利益，抛向权贵，他却用洒脱、坦荡和不羁固守住自己的精神家园，在最真实的追求里，在最热切的向往中，他"秀口一吐，就是半个盛唐"，成了文人骚客无可企及的神话，也成就了家喻户晓、流芳百世的诗仙。

逆行的是大智。

她，一朵深宫玫瑰，绽放在残阳与夜幕间。

当龙袍在身，非议、咒骂声已不再热切。弑子，害夫，溺女，世人口中如此决绝，娇弱的身躯下坚强的心撑住了一切，她还是挺过来了。是非功过，终有后人评说，后人没有忘却，她给世间带来了和平与安宁，带来了社会和谐，带来了"周武政治"，中国历史上第一位女皇帝——你可含笑于九泉。

逆行的是大爱。

从一个战场转到了一个又一个战场，他眉头紧锁，一路上反对的声音并没有阻挡他前行的步伐。

"农村包围城市"，是他的逆行之路，王明反对，博古不支持，苏联也认为荒唐……但事实与历史证明，他的逆行，他的不屈不挠，换来了"中国人民站起来了"，换来了国富民强、百姓安康。

我说，所谓的常识并不一定都是真理，只要你守住内心的真实，信仰那一份纯真，并有执着和勇气随行，你就能找到那条属于自己的路。

逆行化成光环，逆转成就精彩。

# 偶　　遇

洪灵焰

就这样与你相遇，那时的我漫无目的地行走于这片树林中，悉心地听着风与树叶耳语的沙沙声，享受着那沁人的芬芳，领略着大自然一切的恩赐。你就这样不紧不慢地在我脚旁走着自己的路，却着实把我吓了一跳，你是那样的刺目，那样的碍眼，使我对你的厌恶油然而生。

你实在与这温馨的美景格格不入，躯体是枯萎的棕褐色，浑身都是拒人于千里之外的刺，只是你对这种厌恶浑然不觉，仍固执而不紧不慢地朝着某个方向蠕动。对，就是这种卑微的姿态。我高傲地俯视着你，希望用这暂时的胜利来缓解你给我带来的愤怒。

我几乎是带着不愉快的心情敷衍着这次简单的散步，因为你的入侵。恰恰相反，你似乎并没有被我打扰，在我刚回到我们相遇之处时，你已经爬到了不远处的一棵树上与我齐高的位置。这时，我们已然是平视。我有些不安，因为我的高贵，因为你的卑微，而两个差距如此大的灵魂，却处在了同一高度。你没有理会我，依旧快乐地向上爬着，似乎为了某一个坚定的梦想。

离开你之后，不知为何，我对你百般牵挂，只是冥冥之中，感觉到你不一样的气质，感觉到你孤独而又特立独行的灵魂。终于在某一天，我踏过细碎的阳光，斑驳的叶影，又来到那棵树旁。

而这一次，我却没有找到你，只是在比上次相见稍微高一点儿的地方多了一枚茧，平静而安详。而我能想象，平静的外表下，又是怎样的不平静啊！坚硬的茧将你束缚，无边的黑暗一点点吞噬你的执着，你也许处在生死界限的边缘，正在做着徒劳的挣扎。我对你，产生了莫名的怜悯。

然而，我又错了，只见那枚小小的茧轻轻地抖动了一下，接着越发剧烈起来，茧上的裂缝越来越大，我似乎感受到了你浴火重生的狂喜。你一点儿一点儿地将自己从黑暗的牢笼中救出，那般坚韧，似乎焕发出无边的力量。挣扎了许久，终于将束缚你的茧弃在脚下，让阳光为你梳理翅膀，所有的花儿都因你而绽放。

我仰起头，出神地凝视你在半空中欣喜地飞舞，画出一道又一道完美的弧线，你该是默默忍受了多少鄙夷的眼神，多少嘲讽的话语！但你认定自己不会卑微，因为你是蝶。你无悔于曾经的艰辛与努力,你要以生命中最完美的形式,来证明自己的存在。我仰视着你高贵的灵魂,凝望着你融入那炫目的光明。恍然间,我似乎明白了什么:不要被生活中的种种误解所羁绊,让自己的心保持不改初衷的清静,执着地追求梦想,便终会迎来光明的永恒。

那夜,蝶入梦来,起舞蹁跹……

# 夜 倾 城

纳兰柔仪

夜深，万籁俱寂。

喧嚣的街市复归宁静，原本流光溢彩的霓虹灯也已暗淡下来。昏暗中，一片沉寂，仿佛瞬间回到了天地初开的寂静中，只留下没有边际的静默。

然而，在夜色中，我听到来自灵魂深处的声音在摄人心魄地回响着。这绝美的声响来自那盆静静含苞待放的昙花，那是生命的绝唱在无声地鸣响。

不知过了多久，仿佛是花苞轻微颤动了一下，花瓣便从尖端缓缓舒展开，如同向平静的湖面投下一颗小石子，涟漪便一圈一圈扩散一般。原本凝固的沉默顿时消散了，在漆黑夜幕的深处，传来一阵轻微而又悠长的声音，这声音无声无息，但一直传到了心底。耳朵无法听到这令人心悸的声音，但心灵却能感受到，在夜色的熟睡中，有生命正轻微地呼吸。我听见，还有一声沉默的长叹。

大音希声，大雷如默。在夜色中有生命的轻微脉动，这绝美的声响扣动着我的心弦。

花瓣如蝶翼轻盈舞动，花蕊如同流苏，缓缓散落。如象牙般剔透洁白的花瓣，似是舞动飞扬的水袖，无声地在微风中颤动，沁人心脾的芳香氤氲开来，仿佛有一层薄薄的雾霭在凝结。

一片寂静，万物似乎都陶醉在其中，可实际上，这舞台上只有空旷。昙花，它是这个被遗忘的舞台上唯一的舞者，在沉默中，在万物熟睡之际，它无声地唱出生命的绝响，而这夜色，便是它的舞台。

在夜色中，有它寂静的歌声；那生命的绝唱，正是它那颗孤傲的心发出的。没有所谓的花开与花谢，从生到死不过只有一瞬，然而它却展示着自己的美，纵然无人欣赏。没有挣扎，也没有眷恋，它默默地迎接死亡，而我，却听到了那首沉默的生命之歌。

一笑倾人城，再顾倾人国。昙花，这圣洁的精灵，在夜色中翩然起舞。刹那间，光影翩跹，花开缠绵……

生命就该这样，即使偌大的舞台只有你一个人，也要展现最好的自己；纵然只有你一人欣赏，也要让生命如夜空中的流星，短暂，却照亮夜空，华丽谢幕。

昙花将生命定格在绚丽之极的一瞬，为自己绽放生命的华丽，它坦然接受凋谢。而我，却在夜色中静听那沉默的声音，心怀敬意。

夜倾城，醉人心……

# 没有年轮的阳光树

张紫瑶

每一棵大树都有一圈又一圈密密匝匝的年轮,它讲述着岁月流转的沧桑,它铭记着狂风暴雨的洗礼,它见证着一棵树从破土而出到枯竭老死、生命停止的那一刻,年轮的蔓延终结了,大树就随之倒下,朽去,烂在土里。

在这世上,只有一种叫作阳光的树,没有年轮,永远年轻。

海平面上,悬着一轮红日,它是否像巴金先生写的一样"一纵一纵地使劲向上升",我不大清楚,在我的眼里,阳光总是作为神圣的使者悄悄地降临人间。它洒在海面上,粼粼的水面泛起晶莹的微光,似一把碎钻,摇曳着残缺的美丽。它洒在过往的轮船上,"呜呜"的轰鸣声被阳光裹挟,越发沉重与深厚,却被渐渐地覆没在拍岸的海浪声中。它洒在我的发梢,肩头,足尖,阳光下的头发被染成闪烁的栗色,它栖息在肩头,跳跃着,似无数只翩翩起舞的金蝶,裸露的足尖被阳光亲吻,满足亦幸福。

这儿的阳光不受拘束,在海滩上肆意地奔跑,像光着屁股追逐嬉戏的孩提,无时无刻不充满活力。

"这儿的阳光真不错,景色真好!"

"可不是吗?舒服!"

"一大把年纪了还能看见大海,死而无憾喽!"

一群步履蹒跚的老人相互搀扶着走近大海。他们毫无顾忌地遥望蓝天,阳光下的他们嘴角上扬,像孩子一样笑了,纵使他们眼角的皱纹已像水花一样绽开,他们花白的银丝已乱成一团,在最真最烈的阳光下,他们似乎忘记了一路走来所受的磨难与挫折。

流水泻过,阳光淬炼,我想,在记忆的沙滩上留下的只会是人生中最难忘、最饱满的美好片断吧。

阳光变得温柔起来,它似乎读懂了人生这部大书。

我以旁观者的视角留心着这一群精神矍铄的老人。他们卸下戎装,迎接阳光,用笑容回馈大自然的恩赐,用笑容诠释阳光的意义和价值。

喜爱阳光不仅仅是因为幸福与满足,更是因为这种感情能触碰心中最柔软的地方,唤醒对过往记忆的回想,这才是幸福与满足的真正来源。

我躺在海滩上,浪潮一直漫过我的额头,口中涌上咸涩的味道,又挟来一丝清凉,流沙从指缝滑过,细软轻盈,沐浴在阳光下,一股暖意再次袭遍全身。此时的我觉得自己格外轻松,闭上双眸,世界里满是纯澈的蓝天大海,看来我真的放下了,放下一切曾让我伤心、痛苦的事情,阳光便是一剂良药。

无论是正值花季的我,还是迟暮之年的老人,对阳光都衍生了发自内心的情愫,可见对阳光的喜爱没有年龄的界限,而阳光则是一棵没有年轮的树。

没有年轮意味着永远年轻,只要有阳光,一切都会好起来。愿人人都在心田植下一棵没有年轮的阳光树,拥有一颗永远乐观、年轻的心。

不管你的真实年龄是多少。

# 慢下来的时光

陈 柏

日历纸撕过一页一页，那些凝聚在日历纸上的时光也随之被揉成一团，丢进垃圾桶里，漫漫时光汇成了历史的长河，以始终不变的速度向前流淌着，像涨潮的海水一样覆盖了未来的每日每夜。不同于潮水的是，时光只会覆盖而不会回退，身后像是有一股强大的力量不断推着你向前，没有后退的余地。于是因时间的流逝而感到无奈和焦躁；于是你便想，时光走慢一点儿会更好。

伏案而书，你发现学习并不枯燥。曾经在书桌前坐不了一个小时，煎熬着漫长的学习时光的你，变得渐渐有耐性，心像是泡在水中的茶叶一样，在一段时间的沉浮后学会了安静地待在杯底，平静的心在书海、题海中尽情畅游。你也惊讶，惊讶自己竟然在学习中享受自我，在书海中忘却自我。时光依旧缓慢地移动脚步，像老奶奶的脚步一样迟缓，不知不觉，你已在书桌前待了两个小时，你觉得，时光慢了下来。

漫步公园，你发现，长椅上年过古稀的老人在享受夕阳的余晖，双眼微闭着，脸上像被镀了一层金边。往日的疲倦乏了几分，取而代之的是对人世的留恋和对生活的享受。你觉得，是时光放慢了脚步，凸显了细节。

仰望星空，一夜的星辰交替不再匆匆，漫天的星空并非杂乱无章，而在无秩序中井然有序，你发现，大熊座的星星排列俨然像是一只栩栩如生的大熊，北极星的确是最闪亮的。欣赏着夜空，你产生了无尽的遐想，没有一夜如此美妙的星空，遥远的黎明便无法望见，因此你的享受更加没有顾虑，只是沉浸，陶醉。你诧异大自然如此神奇，而你竟然此刻才发现。你觉得，因为慢下来的时光，让美好变得长久。

其实你不知道，时光永远不会放慢脚步，你觉得时光慢下来了，其实是对生活的态度转变了。换一种心态，换一种态度，学会发现，欣赏，享受，在有限的时间里可以活得更充裕，时光便慢了，因此得到的是另一种收获，是一片艳阳天。

时光慢下来，便好。

# 乡之情韵

赵子卉

一日,老妈忽然问我:"那首诗是怎么背来着?"
"什么诗?"我自顾自拆着信封。
"……古道西风瘦马。夕阳西下,断肠人在天涯。"
"噢……老妈你有乡愁了?"我随便问了一句。

要说我的家乡,那是普通得不能再普通了,几十年前的穷乡僻壤,几十年后的小城镇村,没有"小桥流水人家"的婉约如诗,清丽如画;没有"大漠孤烟直,长河落日圆"的雄浑遒劲,壮丽奇异……只是那么一个车马驶过便尘土飞扬的小村庄,但在我心里,却比任何一个美丽的地方来得亲切。

那里的春天并不鸟语花香,百花齐放;那里的夏天并不绿荫如盖,翠色溢目;那里的秋天并不瓜果飘香,金黄澄亮;那里的冬天并不温暖如春,草木依存……小小的村庄里断桥残雪，几十米一座的平房尤显得孤零零，特别是黑夜，伸手不见五指，还得注意土路的坑坑洼洼，让人不禁怀念起城市的华灯初上，酒过三巡……

可是，是哪里传出了银铃般的笑声，以及黄昏时那古老的歌谣？

放学的孩子手里攥着狗尾巴草，又蹦又跳，天边的夕阳催促不了他们回家的脚步。我就是其中一个。直到天降下夜幕，我们还晃荡在栅栏外，槐树下，庭院中。

奶奶家有一棵很大很老的槐树，树下有一张刻着象棋棋盘的石桌。待我迈进家门，上面早已摆了三只热气腾腾的大碗，诱人的香气，飘满庭院。那时爷爷尚在，我、爷爷、奶奶就着一豆灯火，品尝着饭菜的芬芳。

东屋的一大面墙上，全是我成长中斑斑驳驳的痕迹。细看，那是歪歪扭扭的"人""天""大"……一点儿一点儿往左挪，是越发规整的字句、诗词……

平房里的人越来越少，一年，两年……光阴荏苒，当我再次回到平房，迎接我的只有奶奶那张写满风霜的脸。

墙上的字迹并不好看，而我却久久没有移开眼，那里是我的童年——

童年在哪里，故乡就在哪里。

# 梅

赵佳悦

古代文人精心选出的花中四君子中,梅是君子之首。梅者,冬之花也。其色或红或白,亦有粉、黄之属。在冬季一片皑皑之景,一枝梅花傲然独秀,显出一种高洁、孤傲的气质,也为白茫茫天地间带来一份色彩,一份生机。它有艳丽,也有淡雅。

他人都说兰若君子。

确实,兰的样貌、气质也与君子相符。可是,我认为兰花太过柔弱,花叶总是随风摇摆,而且它是贴着地生长的,给人以卑微、柔顺之感,倒像古代三从四德的女子。

兰花的生长没有明确时规,但大多是在春季,如此一来,艳头便被他花压了下去。

至于竹和菊,一个太过刚直,一个太过妖艳,我想"梅兰竹菊"的排名不是随便的。后三花的缺点,正是梅花具备的优点。

像周敦颐喜欢的莲,一旦失了水,也只能无奈死去。梅花却不然。它的根深深扎在地下,那是怎样的一种不屈和顽强!世人赏梅,多去观赏那美丽的花朵,又有谁会知道它开出那些美丽花朵所付出的代价!为此,它甚至放弃了茎,让茎变成支支歪歪的形态。换做是人,我们有这样的决心和勇气吗?

"宝剑锋从磨砺出,梅花香自苦寒来。"若是没有挫折的磨炼,人也是不能成功的。

我一直在寻找。若说像兰、像竹、像菊、像松者,总还是能寻见几个;可像梅者,却也真少见。

梅可真是花中君子,为首亦不是浪得虚名的。喜欢梅花的,应该有许多人,但很少能做到人品像梅一样清高,才华像梅一样清丽,选择像梅一样果断。此三点,人大多可占一二,其全者犹如凤毛麟角般少见。

不管是古代还是现在,不管是他人还是自己,我们都需要追求梅这种可贵的品质。都说要独善其身,别人如何我们无法干预,只有保持自己做到最好,与梅看齐,才能在这茫茫世界中不失去自我,不失去原则。

——墙角数枝梅,凌寒独自开。遥知不是雪,为有暗香来。

# 给幸福画一条底线

赵晓萱

整个假期,我都被诸多的课外班烦恼着,愤恨着它们夺走了我美好自由的时间,它们就像一片树叶遮住了我的眼睛,让我看不见除却这片树叶之外整个森林的风景。

直到偶然一天,我看到了那张报纸:一对清洁工老夫妇,艰难地抚养着两个孙女,他们住在四处漏风的要拆迁的房子里,每天只能吃咸菜馒头,一场大雪后,市政府给清洁工们搞福利,每人两袋豆浆,夫妇俩谁都没舍得喝,回家给了孙女,孙女开心得不得了,因为她俩从来没喝过豆浆。四个人开心的笑脸让破旧的小屋子充满了春天温暖的味道。而两个小女孩儿最大的愿望,就是上学读书。

我忽然觉得,自己是如此幸福着。

虽然有人绝望地躺在医院的病床上,有人孤独地瑟缩在城市的角落,有人穿着破烂的衣衫乞讨;虽然有的人正在战火中挣扎求生,有的孩子在偏僻穷困的山村努力生存;虽然这世界时时刻刻都有悲伤的事情在发生……虽然如此,我仍可以在新年欢乐的歌声里、在灯笼火红温暖的光芒中,和家人团团圆圆地围坐在餐桌旁举杯庆贺;我仍然可以在温暖明亮的教室里安心地读书;我仍然可以在每一个生日的时候得到礼物实现愿望。

作家史铁生曾写道:"其实每时每刻我们都是幸运的,任何灾难面前都可能再加上一个'更'字。"

"得之我幸,失之我命。"我时常想那是怎样的豁达,但也不难想象,离那些深远的苦难只有一步之遥的我们,平静地度过每一天,背后是怎样的幸运。而在平静之上,所有那些物质和精神的富足,更是上天难得的馈赠。

忘了在何处看到过一个简单的"幸福公式":得到的除以想要的乘以百分之百,就是幸福的指数。

仔细一想觉得很有道理。在得到的东西有限时,想要的越少便越幸福;而在想要的东西一定的时候,得到的越多则越幸福。我不认为有人会什么也没有得到,但人也必须要有些追求——否则这个等式就毫无意义。

有人说我们应该给自己的幸福画一条最浅的底线,去学会从最平常的日子、最琐碎的事情里品尝幸福的滋味。亦有人戏言:"我们要好好活着,因为我们会死很久很久。"无论何种,都是想让大家明白:学会满足,乐在当下。

虽然生活里仍有种种不尽如人意，但是仍然可以看见一袋豆浆里的幸福和温情，仍然可以看见，迎春花默默积蓄等待着春天，冬日里有暖阳照在我们身上。

给自己的幸福画一条底线，就会明白，我们都是幸福的。

## 错过的美丽

孙雨多

还记得有一年，回故乡过年，大人们忙东忙西，我就落了单，便自己一个人站在阳台，寻找远处的风景。现在想起来，当时自己一定是无聊极了，才会去阳台寻找风景，却没想到那次的瞭望竟带给我难忘的记忆。

站在高处，我的视线直直地向前延伸，穿过几座矮楼，绕过几间平房，便能看见那一片野地，草色已经枯黄，一大片土地，光秃秃地裸露在寒冷的空气中，显得更加辽阔。即使它没有春天的生机勃勃，但我仍喜欢这片新景。晴天时，那些枯草和不知名的植物就那样挺立着，享受寒冬暖阳；刮风时，短而枯瘦的野草凌乱地摇摆，在风中颤抖；下雪时，地上铺上一层薄薄的棉被，几棵枯草倔强地从雪中探出脑袋……我看着白雪皑皑的野地，像一张巨大的画布，一尘不染，在阳光的映照下，发出耀眼的光。我决定去那片雪地，留几个脚印，堆个雪人，可是没人陪同，外面又寒冷，便懒懒地窝在了阳台里。望着画布上的雪越积越多，心想：过些天，天气会暖和许多，再去踏雪也不迟。

后来那片野地渐渐地被我淡忘了，我没有去踏雪就回到了城市。有一天，忽然想起了它，心中很是遗憾，继而又安慰自己，等到了夏天，地里长出新草来，必定是一片翠绿，说不定还会长出几朵野花，引来几只蝴蝶，那时风景不是更美吗？

春天过去，夏天很快就到了，我满心欢喜地背上行囊，回到故乡，把附近绕遍了也没找到那块绿草丛生的土地。站上阳台，我再也看不见我的野地了，只有高高的脚手架和正在施工的高楼。失望、懊悔、沮丧的情绪折磨着我，就像个孩子失去了心爱的玩具。

几个月前，这里曾有一片开阔的土地，现在它们好像梦境一样，忽然间消失不见了，可是它确实存在过，只是变成了施工的工地，只是因为我没有留意、一次次地忘记，被错过了。我想，我曾错过的东西太多：心爱的玩具、学期末的奖状、天安门前的升旗、泰山上的日出、没有背过的诗词……但不知怎么，这个错过的风景在我的心里却一直挥之不去，留下美丽的同时，也留下我的遗憾和懊悔。

现在，我终于明白了"时不我待"这个词，这个世界瞬间万变，一旦与美丽的东西擦肩而过，就永远不会再拥有。

# 隔 岸 观 花

刘沁怡

朋友曾在博客中写道:"我们总喜欢挖空心思接近那远处的美好,然后大失所望。"寥寥数语,引人遐思,给人启迪。

我们是否在追求美、接近美的过程中破坏了那份远处的美好?

向远处眺望,晴空下的雪山仿佛是神话中的仙女,空灵而又圣洁;去过太空的宇航员说,从太空遥望地球,那是一颗湛蓝色的星球,像一颗宝石,摇曳着神秘的光辉;野蔷薇在雨中怒放,艳丽中不失高雅……这些都是极美的。然而人们却常常埋怨距离阻碍了我们对美的欣赏,当我们跨过那段距离想近处尽情地欣赏美的时候,却会发现:山巅之上铺天盖地的雪只会给你的双眼带来灼烧般刺痛,我们脚下的这片土地多是沙尘飞舞的荒漠,而野蔷薇上的刺常常会在你触摸过的手指上留下点点血痕……

距离给远处未知的事物蒙上一层神秘的面纱。周作人说过:"人最大的弱点就是自命不凡的想象。"面对无法掌控、难以接近的事物,人们总是会对其抱有美好的想象,然而一旦揭开了那层想象的面纱,带给我们的常常会是一种失望——这就如同心中最坚定的信仰被实践证实是个谬论一样。

所以,不要随意接近那些我们心目中美好的东西——无论是现实中的还是我们想象中的。周敦颐的"可远观而不可亵玩"就告诫我们,并不是所有的美都可以捧在手心。让我们返回原处,接受并欣赏距离给美添加的风韵,别让"亵玩"影响了人间大美给你的感觉。

"凌晨四点,看海棠花未眠。"川端康成这样写道。那是怎样一幅温柔而虔诚的画面啊。在熹微的晨光中,老人披衣而坐,默默地透过窗棂凝神细窥睡眠中的花朵。白天的海棠因为看得太过真切,反而失去了她独特的魅力——这就是距离和朦胧赐予的美好。其实何必看得太清楚,朦朦胧胧,若即若离,感觉中总会有那么一份美好的想象。就像生活一样,就是因为有太多的未知,人们才会对明天充满期待,若一切都明明白白,岂不无趣了?

自然之美需要距离的装饰,更何况人与人之间的交往?君子之交淡如水,小人之交甘若醴。交往得越近,相互之间了解得就越多,彼此之间的利益就会产生更多的交集，而那交集处，就是滋生矛盾的地方，原本美好的东西则会被罩上阴影，甚至破灭。没有了距离，却会有更多的东西将心与心分隔开。与其甘若醴，不如淡如水；与其让一些世俗的东西破坏纯洁的交往，不如保持一定的距离，让每一次的见面都如同朋友初识一般充满清新的感觉。

不要以为距离妨碍了你审美的感受，不要等到心中的想象破灭方才暗自后悔。我想告诉每一位看花人，不要过于接近你心中至美的花朵，隔岸观花，会别有一番韵味。

## 写好人生每一页

俞睿沅

我们的人生正如各种各样不同的笔,而我们,正是使用那些笔,在我们生命的白纸上画上一条一条、一道一道的印迹,于是,我们就写好了人生的每一页。

我们的孩童时期,用的是铅笔。不管我们怎样调皮,在纸上乱涂乱画,都能被那宽容的橡皮擦去,虽然有些会留有淡淡的痕迹,但也不甚明显。是啊,我们小时候不正是如此吗?不管我们做了多少错事,大人们都会宽容地原谅我们。即便是做了类似于砸坏爸妈心爱的东西或在墙壁上乱涂乱画之类的事,也只是被长辈批评一下便过去了,也只有那些事,会和重铅笔印一样在我们的记忆中留下淡淡的记忆。孩童时虽然幼稚鲁莽,但是,我们还是写好了人生的每一页。

在少年时代,我们扔掉了手中的铅笔,换上了崭新的彩笔。从那一刻起，我们的人生犹如一片空白的纸上开始有了彩色的痕迹，那是我们青春的梦。现在的我们逐渐变得成熟，大人们也不会一次又一次无条件地原谅我们了。终于，有一天，彩笔不小心画错了，但后来，它通过自己的努力，把那错误的笔迹融入了一幅新的画。于是，随着时间的推移，纸上变得五彩斑斓。我们的少年正是这样，虽然我们懂得了责任，犯错要受到批评与惩罚，但大人们仍会给我们改错的机会。我们开始编织自己的梦想，那些五彩的梦想成了我们青春的旗帜，是多么富有活力啊！于是，我们的少年将在一片光彩中度过，在光彩中人生的页码被我们写好。

终于，我们不得不用钢笔了。刚开始，我们小心翼翼，因为我们长大了，并深知那黑色的墨汁不能像铅笔一样擦去，不能同彩笔一样修正，它将成为生命中永久的印迹。但用到后来，有些人的胆子大起来，开始胡来了，他们认为应该不会出错的。可有一天，他们写错了，慌忙划去，终于，那张美丽的纸布满了无法洗去的、一大片一大片乌黑的墨汁——他犯罪了。还有甚者，一个大意把纸划破了，因而将终身不得再动笔了，他的纸毁了。是的，成年后我们所做的一切都要考虑其后果，因为没有人会再原谅你，或帮你改正错误了，所有的一切都将由你一人独自面对。而有些人，因犯错，而不能再前进了，那些小时能原谅的错误，已演变成了一条条冷冰冰的罪名。于是呀，我就感叹，人生真的要写好每一页呀！

　　到了老年，那些平安度过大半辈子的人，不管他们从前性格如何，都开始变得柔和与慈爱了，正如毛笔。它不易犯错，笔尖也不再会弄伤别人，但又如此苍劲有力，这正是我们爷爷奶奶所达到的安详宁静的境界。也许只有到达了这种境界的人，才算写好人生每一页。

　　我们生命中所经历的所有事都像用各种笔写上去的，有些可以修正，而有些则无法更改，愿我们写好人生每一页。

# 文学的诱惑

胡 悦

无意中与你邂逅，擦肩而过的一瞬，你的回眸一笑，竟然摄走了我的魂魄，你的眼睛，明澈、纯净，如一汪清泉，却又如同遮上了一层面纱，神秘、迷人，从你的眼中，我看到了"剪不断理还乱"的愁思，我看到了国破家亡的无奈，我看到了"漫卷诗书喜欲狂"的兴奋，我也看到了名山大川，看到了古老建筑……你用一个个方块一般的字体，向我们讲述恢宏的历史，你用一句句优美的语句，向我们倾吐你的情思，你用一篇篇充满激情的文章，告诉我们天下大事……而我最不能抵抗和抵御的便是你的诗情。

**痛苦的追忆**

你乘一叶扁舟，载着浓浓的愁绪，忧郁的眼神，向我们走来。莫道不消魂，人比黄花瘦。千年的风雨淡退了琉璃繁华，沉淀了，你的泪光柔弱中带着忧伤。家，已不能回；心，已无处归；夜太漫长，凝成霜，惨白的弯月勾住了过往，使得这孤独融入了淡酒，令你最难将息，直到"寻寻觅觅，冷冷清清，凄凄惨惨戚戚"。你的一生被这漫天的愁绪所包围，闺愁、家愁、国愁，面对着物是人非，面对着断香残酒，面对着绿肥红瘦，没有同道，没有相知，只有一杯浊酒洗清愁。那愁情深深深几许？蚱蜢舟也无能为力。既然载不动，那就和着孤独化作咸咸的泪，滴在对赵明诚的追忆里，滴在对国仇家恨的绵绵思绪里！

### 沧桑的浪漫

一壶酒，醉了整个天下。举起杯来邀明月，狂泻的诗句瀑布般挂在三千尺悬崖上，流成滔滔黄河，漫卷浩浩长风。袅袅香炉紫烟，银河如练，萦缠着你飘动的胡须。踏上蜀道，你登高作赋，写尽人世沧桑，歌罢又于静静的夜里轻吟一曲淡淡的清霜。于是高堂明镜里飞快地走来了狂傲的你，急雨般的脚步踏碎了今人与古人的月色，归去何急？你醉卧长安，金樽清酒斗十千，为何还要茫然四顾？你飘然而行，大道坦坦如青天，为何惊叹行路之难？呵！只为了酒，只为了醉的滋味。乘风沐雨，你持君王玉马鞭，去追赶天姥山引吭高歌的天鸡，着谢公的宝屐，去攀险峻的天山。呵，登高作赋，是你的心襟，对酒当歌，是你的风度。醉里，醒时，你都在吟诗，李白，昔日与今日是汤汤的流水，流尽了幽冥和古朴的月色，却流不出你那沧桑的浪漫！

## 无悔的选择

你欣然地右手执卷，左手牵壶，在桃花源中五柳后的小居，这片清丽的山水田园，你微醉的身形挪移着，映在那些池竹稻麦上。你听"狗吠深巷中，鸡鸣桑树颠"，你观"木欣欣以向荣，泉涓涓而始流"，你赏"日暮天无云，春风扇微和"，你去"晨兴理荒秽，戴月荷锄归"，你感"俯仰终宇宙，不乐复何如"。"道狭草木长，夕露沾我衣。衣沾不足惜，但使愿无违"，你悠闲地在恬静的田间小路吟咏着愉悦的词句，笑看着满坡的青黄，遥听着石阶花开的声响。"方宅十余亩，草屋八九间。榆柳荫后檐，桃李罗堂前"，你忘却所有的经纶世务，只留下简朴陋居，和一抹飘飞的白云蔚蓝着春的气息。你怀念着那些没有沧桑的色彩，你想念着曾经繁花满枝的希望。"盥濯息檐下，斗酒散襟颜"，乡愁的道路慢慢浮出田野，脱去荒芜与尘灰。此时的你，对自己的选择，自信而安乐。

文学啊，我无法抗拒你的美，你的神秘深深地吸引着我。当你再次从我身边走过，留下一股清香，我浑然不顾，追随而去……

捡拾幸福

# 倾听你的脚步

郑晓群

晚饭后，同母亲一起去理发店。

已是冬至，天气愈是冷了几分。走在家边的桥上，长年呆站着的路灯发出灰扑扑的亮圈，掺杂着月光，一并躲在水洼里，像是婴儿水似的眼睛，眼珠溜溜转着，活脱脱地蒙上了层水雾。

我尽量把头陷进围巾里，把冻僵的双手缩在兜里。母亲用手理了理我的羽绒服帽口，想让我暖和些，她说得鼻炎的人是最见不得冷风的。

这里大多是本地人，天气冷了很少有人会去买棉鞋棉拖，都是几个妇人在大白天里，晒会儿太阳，自个用毛线织的鞋套。我瞥向母亲的脚，她大概是三年没换棉拖鞋了，倒是给我和妹妹换得勤。

母亲的脚步很轻，走得若有若无。只因穿着拖鞋，走起来便有了一种声音——"沙,沙,沙",很有节奏。她平日走路是很轻的,几乎听不清声响,跟她做人一般。

我总是觉得母亲被岁月抛弃了,一年四季不变的衣着,一根黑皮筋儿便绑了头发,眼角的皱纹越来越多,白头发又多了几根,有人说三十多岁的女人,最是爱美的时候,可她的衣柜里,却没一件体面的衣服。

现在的她,心里只有妹妹与我,当一个女人成为母亲,她的一切付出便变得无偿。她每天五点多便起床,把家里收拾干净。我一觉醒来,桌前总有一杯透着纯白的全脂牛奶,包着一层保鲜膜放着。我一般不大会喝,早饭也是胡乱扒拉几口就出门了,走得很匆忙。她就拿着牛奶硬要我喝下几口。而且出门时,她永远重复同样的问题——"校牌带好了没有啊?""鼻炎的药呢?"有时我头也不回地便走了。母亲总是爱向儿女问些明明有答案的问题,这是天下母亲的通病吗?

"沙,沙,沙",我静静地听着,像是聆听吉田洁的歌曲《遥远的旅途》一样。母亲轻轻踏着,我细细听着,品着。

刘墉有篇文章说——母亲的眼睛不好,尤其在夜里看不清,所以晚上散步时,他原先走在前面,只要碰到台阶,一定停下步子等着搀着母亲。"我死了,会在奈何桥边等你,带你走阴间黑黑的路。"母亲笑笑说:"要是我先死呢"?他说:"我就在每个黑暗的台阶停下脚步,想你，想象你还在我的身边，听清你的脚步。"

是啊，母亲，慢点儿走吧，我想听清你的每一声脚步。

窄里巷边，冬日的太阳泻下一层银光，满满地落在地面的两个影子上。

# 父·女·心

李睿馨

禅云:"风未动,云未动,是心在动。"我说:"风动,云动,心亦动。"

## 小时候·清净心

每个人的童年都有一颗永不疲倦的心,我亦是如此。而相比之下,父亲的心则是缄默的。他做什么事都是清汤寡水的,不带走一丝云彩。父亲喜好钓鱼,生性贪玩的我自然也会跟去。仲夏的天气燥热如我的心一般,不久就耐心全无,每次湖面上的一点点涟漪都会使我将鱼竿匆忙地收回,收获也自然是屈指可数。而且鱼钩常常都会挂在湖底的青苔上,我则会愤愤地将鱼竿摔在地上。父亲看着狼狈的我,笑着说:"你需要静下心来。"父亲带着我走到湖边，用手轻轻地撩拨了一下湖水，顿时，湖面上泛起了涟漪。父亲又说道："你现在的心就如这粼粼的湖面一样，跃动着，但是你看，等湖面平静以后，鱼儿自己就会游来了……"

## 小时候·柔软心

记得童年里最惨痛的经历就是被父母送到了寄宿小学，整天哭天喊地的，就这样持续到了三年级。我清楚地记得班主任无奈地说过这孩子情商真高……回家后，我仰着头问父亲什么是情商，父亲只是笑了笑说你长大后就会知道。因为没有得到想要的答案，我就一个人郁闷地到阳台上去玩蚂蚁。一双水汪汪的眼睛瞪着一只只弱小的身躯在花盆里的青苔上艰难而仓皇地四处逃窜。顿时，我玩心大起，将一只只柔弱的生命结束在了我的小手之下。看着那一个个镶在青苔上抽搐的躯壳，在一丁点儿的满足感中又渗入了一丝丝痛惜。但很快我又把注意力集中到了愈来愈多的蚂蚁身上。汗流浃背的我引起了父亲的注意。父亲问我在做什么，而我却答非所问："为什么蚂蚁杀不完？"看着那硝烟散去的"沙场"，父亲便明白了一切。他叫我先住手，然后说："它们并没有伤害你，为什么要赶走它们？它们需要的只是食物，饱了，便会离去了。"我皱眉，顽劣之心也随之消散，但怎么也摆脱不了那罪恶感的束缚……

### 长大后 · 清净心

青春期的心永远是骚动的,随之而来的则是那在潜移默化中越来越大的脾气。又是一个仲夏夜,在蝉鸣蛙噪中,我不停地在床上翻来覆去,心怎么也静不下来。我的动静吵醒了父亲,他悄悄地走过来,轻声问我怎么了。而我却没有为吵醒父亲而愧疚,反而十分不耐烦地叫道:"不用你管,出去,快出去。"但父亲只是静静地坐在我床边,用手轻轻地拍着我的背,就像小时候那样哄我入睡。神奇的是,不一会儿,困意就慢慢侵入,在模糊的意识中我的思绪又回到了那湖边,感觉到夏夜里闷热的空气被那裹着一丝丝青苔的湖水慢慢冷却……很久以后,每次有相同的经历时,都会想起父亲那时对我说的话:"你要以静的姿态去面对世间万物,如那清风拂过但又不乏波澜的一汪湖水,你静,它便静……"

### 长大后 · 柔软心

时代的脚步永远不会停歇,进入了中学的我,自然也不会像小时候那样哭泣,对校园生活的好奇远远胜过了对家的眷恋。冥冥之中,脑中突然冒出了我那些被泪水浸泡着的日子。便讲给了同桌,她调侃道:"就你还情商高,算了吧。"但不久,在班级里组织看电影后,她看着梨花带雨的我,也无奈道:"你的情商的确很高。"恰好,就在第二天,我的同桌把我借给她的自动铅笔弄丢了,那是我最喜欢的铅笔!就在满腔怒气将要发作之时,不知怎么的,父亲的面容突然出现在了脑海里,父亲的眼神拂过了我心里最柔软的地方……于是我对自己说算了吧。但就在下午,我惊异地发现那铅笔静静地躺在我的课桌上……看着同桌那充满歉意的眼神,一切都不言而喻了……记得父亲曾说过,生活就像一面镜子,你对它微笑,它就会对你微笑。面对镜子微笑,是我们可选择的生活态度。所以我们应该用柔软的心去接受那冰冷而坚硬的镜子……

## 后记·青苔·心

也许是时光的烙印,也许是岁月的腐蚀,长在心里的那一片清幽暗绿的苔藓似一片绵远的情愫,浸泡着几许温柔与厚朴,我深知那是父亲无言的爱与深邃的思想。所以心中的那一抹青苔也无时无刻不给予我父爱的滋润。

时间如白驹过隙,父亲那远去的背影如青苔般幽绿斑驳,但是他留在我心上的晶莹从未散去。这一次,我专为父亲而吟唱!

# 关于钟秀倩

李明泽

从我诞生的那一刻起,我的生命中就莫名其妙地出现了这个叫作钟秀倩的女人。

记事以后,一直到小学三年级前的所有假期,我们兄妹仨都是跟这个叫作钟秀倩的女人一起度过的。

她实在是个很健朗很精明的女人。

在社交方面她绝对是一把好手,应酬场面上的事儿,分寸掌握得不失毫厘。小时候,一大家子里里外外,都是她一个人操持的。芸豆啦,苞米啦,土豆啦……在院里还总有一群小鸡和几只母鸡,慢慢踱着步。那只骄傲的公鸡总在黎明时把我们叫醒,然后就可以看到这个时候她已经在忙着喂那几头吃起东西来总是呼噜呼噜的猪。有时候好像还有鸭子和鹅,因为每年家里腌的蛋总是大大小小形状颜色各异的。提到蛋,我还对一件事耿耿于怀:端午节顶蛋的时候，她总是默许哥和小妹用鸭蛋把我的鸡蛋顶碎，还在一旁嘿嘿地坏笑。

很巧合地，我回城之后，她也搬家了，到了市里。这导致我一直很想念过去的时光，比如我儿时嬉戏的那片山坡，冬天坐着铁锹从雪中冲下，打着旋，有时候直接冲到山下，扎进雪堆。夏天的蜻蜓，哥哥总能毫不费力地一逮就是一网兜，蜗牛、天牛、螳螂更是常客。

那时，天空很蓝，呼吸很畅快，我们的生活，透明如水晶般没有一星杂质。在日后的岁月中，我无法再寻觅到如那般单纯的生活了。

距离近了，可我们的心远了好多。她的虚荣，她的偏心，她的自私，这些，一点儿一点儿，被我看得清楚。它们在我的心里埋下厌恶的种子，但始终没能发出厌恶的芽，我始终在心里有意无意地，给她留了一方无可替代的位置。我听过她的偏颇，她的无理取闹，也看过大年三十晚上她一个人包饺子时默默地流眼泪。

日子就这么一天天过去了，城市的生活波澜不惊，小市民的琐事，世俗现实得使我宁愿深埋于自己的世界。在城市的灰尘与嘈杂里，我每天安稳地注视着日光涨涨退退，我的世界仿佛就在她几米开外，但只是偶尔投去漠不关心的目光。

直到某个晚上，我看到一张纸，上面写着"左肺有阴影"。

看着那行字，我想我已经知道发生了什么。

三天之后，家人正式告诉我，她得的是肿瘤，已经转移了，无法治疗。

去看看吧，别后悔。

那个周日，我的世界开始出现裂纹，我肆意的疯狂的孩子气的初三，开始华丽地解体。

病房，似乎就堵在走廊的尽头，怎么也绕不开。

我去的时候，她看上去很精神，但无法忽视的苍老感带着了无生气的病人的味道。这个时候，大概……嗯，实际上，早已记不得多久没有见过她了。

那天，她说的最多的一句话是："一辈子都不糊涂，怎么就糊涂了呢？"

我看着她，突然觉得时间凝固了。我承认我们很像，很有自尊，很希望自己扬眉吐气，费尽心思算好下一步，只愿毫无差错地一路走来，走得精明，走得小心，走得辛苦却心甘情愿。

很长一段时间后——又或者只过了几天，我问妈妈："爸爸又去她那里了吗？"

妈妈轻轻告诉我："她没了，现在在殡仪馆。"

钟秀倩。这个名字，是我问了妈妈之后才知晓的。

平常，或者说从小到大，我叫她——奶奶。

这个从我出生就如影随形的，叫作钟秀倩的女人，在离她一度最骄傲的大孙子的生日还有不到二十天，离我的生日还有三十九天的时候离开了，不再留下来陪我们。

她在我生命中，以最固执的姿态刻下最绝对的深痕。

生命，是个太过沉重的话题，沉重得让我只想逃避，却怎么也逃不开。

犹记得那天，同学一句"生命正以每分钟六十秒的速度奔向死亡"，忽地把我的眼泪惹了下来。

犹记得那天在阴暗的病房门外的走廊里，我久久不愿进去。给死党发短信，也不记得都说了些什么。只记得他说，这么多年之后，我们都长大了。

钟秀倩，她从来都不是文学作品中那些作为勤劳朴实、深明大义、慈祥亲切而被颂扬的符号，也不是那种挑拨离间、虐待儿媳的恶婆婆的轮廓。

她只是她，那个在琐碎中，隐藏了一生的人。那个在艰难中，扛起了家庭，把三个儿子从深山沟送到了城市的母亲。

君生我未生，我生君已老。

我本不相信有天堂。可是，祖母，请你在天堂的琐碎中，继续你的唠叨。

在那里，有你最风光的年华，有你最精明的盛开。

# 妈妈总是笨笨的

周梦园

当了她十六年的女儿,每过一年,我都更加深刻地体会到——她总是笨笨的。

无意间跟她说起,小颜的妈妈烤的饼干特别好吃。她忽地笑了,眼睛微微眯起来,说:"我也给你烤啊!"

她便真的忙活起来。早上去超市购置好材料,回家后打开电脑,上网查做法,然后欣欣然跑进厨房。和面,加料,造型,再刷上一层黄油。我看到那些可爱的小东西被送进烤箱,心中不自觉爬满了期待,嘴角上扬,阳光中她的身影,那么美好。

有美好的开始,一般会联想到完美的结局。

可我看着盘子里一个个漆黑的"小铁片",不知该说什么好。

她总是那么笨,明明从来都没有做过饼干,还满怀信心的样子,让我也充满了期待,到最后空欢喜一场;明明知道不会有好结果的,还那么努力的样子,让别人更加深刻地体会到她有多笨,笨得我想哭。

从做题的数量和难易程度来看,我是真的长大了。

中考前复习时碰上一道不会的几何题,我抱着试一试的心理去问她。

她看到我问她题,便笑了,眼睛弯成月牙:"我上中学的时候,数学可好了。"

我微微一笑,便回到房间去做作业。那是辅导书上的一道题,并不是很重要,过一会儿我便把这件事给忘记了。

晚上九点多,我关上灯准备睡觉,外面的天幕黑漆漆的,连星星也看不到。辗转反侧,我总是睡不着,偶然一睁眼,看到虚掩的门缝处投进来一道微弱的光。我安静地望着天花板,沙沙的笔尖划过纸张的声音清晰可闻,像迎面吹过来一丝暖风,飘过一缕细雨,开始软化我的内心。

翌日清晨,我醒来时,她已经去上班了。我看到桌子上放着早餐,还有我昨天那道数学题,附加一个小纸条:宝贝,真对不起,妈妈做不出来那道题,等上学问问老师吧。

她做不出来也正常,她又不是老师,离学生时代那么远了,这些知识早该忘记了吧。可她怎么那么笨,别的家长看一眼知道不会就让孩子去问老师了,可她呢,傻傻地做一晚上，到最后不还是没做出来吗？那她还那么努力干吗啊？

她真是笨，笨到我心坎儿里去了。

学校不知道怎么搞的，突然要我们穿正装。我把正装放在家里，无奈，只能让她送了。

中午回宿舍打电话，告诉她明天来送就可以，她不听，怕我挨老师批评，便执意要晚上送来。

下午天越来越阴沉，过了十月长假，气温骤降。四点多又下起了雨来，我想告诉她晚上不用来了，但学校有规定不让带手机，我无法联系到她。

晚上我披着外套去校门口，她真就等在那儿，打着一把伞，看见我没打伞便又要责怪。我拿了正装，便催促她赶紧回去。

她说要我先走，她等会儿就离开，我便依了她的话，转身往里跑，然后回头，看她在灯火映照的夜中，一点点地隐没在风中、雨中。

我突然沉默了，静静地立在那儿目送她远去，那身影渐渐模糊，周围的嘈杂声全被雨水屏蔽了，我微微眯起眼，不让眼泪掉下来。

很多次都听到她抱怨，说我和她的交流越来越少了。我不知道该怎么回答，是因为青春期吗？可是我一直都乖乖的，唯一不同的是，很少再笑得那么真心了，很少再单纯地做傻事了，很少再向父母撒娇、再向朋友倾谈了。污浊的世间，自己曾经的那些善良也被啃噬得露出森森白骨了。

可是她还是那么笨笨的。向我撒娇，跟我耍赖，看见好看的衣服拉着我的手问要不要买。好多次都在想，到底谁是妈妈谁是女儿啊。甚至有一次问出口，她便开心地笑，说："那以后你当妈妈，我当女儿。"后来她还总是傻傻地拿这件事寻我开心。

妈妈就这么一直笨下去吧，快快乐乐的多好。

或许我上辈子为人类造了很多福吧，上帝把她奖励给我当妈妈，笨笨的、善良又可爱的妈妈，总能让我看到这个世界上最美丽的一束光。

妈妈会越来越笨吧，我也会越来越爱她。

# 一句"我在",也是一种温暖

赵 宁

我回答,或别人回答我"我在",对我而言,总是一种饱满的幸福和温暖。

记得是在小时候,我偶然生病,不能去上学,于是抱膝坐在床上,心中竟有一丝淡淡的难过。因为,我的好朋友都在那里,而我却偏偏不在。于是我痴痴地想,他们此刻在操场上追追打打吗?他们在教室里挨批吗?不管是好是歹,我好想和他们共同经历这一切啊!

之后,便开始喜欢点名。大清早,大家都坐得好好的,老师叫:"××!""我在!"正经而清脆,心里升腾起缕缕暖意,仿佛这不是为了回答老师,也不是为了说给自己,而是在告诉世界,有一个孩子,"在"这里温暖地存在。

记得有一个雨天,默默合上李义山的诗集,且听雨吟。"何当共剪西窗烛，却话巴山夜雨时。"当然，在这个古典意趣已难以寻觅的世界，我无烛可剪，更不知昔年巴山今于何处。许是疲倦了，淡淡地，想起一个在异城求学的友人。打开QQ，发送了一个对话框：你在吗？其实并不抱有多大的希望，却不想得到了回复：我在。一句"我在"，包含了"在"这个状态的肯定，也包含了"有我呢，你有事尽管说"的情谊。深秋的寒意，顷刻减却，空气中的风都夹带着从远方捎来的温热气息。这一刻，一句"我在"胜过了其他任何累赘的语言。

记得有一个台风的夜晚。夜已深，手机中不断的"滴滴"声都是各种有关部门发来的关于台风信息的提醒。虽是夏天，我仍是不怕热地将自己紧紧地裹进被子，似乎这样就能把外面那些可怕的声音拒之门外。"轰——"的一声，像是有什么东西倒了，我吓得不轻，于是试探性地喊了一句："妈妈，你在吗？"墙的那边，既惊喜又在意料之中的声音传来："嗯，我在呢，你有事吗？"像是吃了一颗定心丸一样，所有的不安与恐惧都随着台风的渐渐离去而消散，母亲的温情尽包含在"我在"之中。

我知道，点名时的"我在"，不过是为了告诉老师，自己没有迟到，没有缺勤，却也告诉我，你正在一个集体中，周围有师长、同学和你一起生活、学习、存在，这也是一种温暖；我知道，友人回复我的"我在"，字面上也不过是她也正在使用QQ，看到了我的信息，却也告诉我，虽然彼此的空间位置不同，但我们都会共同感受成长中羽化成蝶的欢欣痛苦，当你累了，总会有人始终也在，给予你热度和力量，这更是一种温暖；我也知道，母亲的回答"我在"，不过是此刻她也被外面的声音吵醒了，恰好听见我的呼唤，便这样说了，但却让我的身心瞬间流过一股暖流，无论发生什么，母亲都在精神上同我一起，家这个温暖的港湾会一直停泊在那里，这又何尝不是一种温暖。

《旧约·创世记》里，堕落后的亚当在凉风乍至的伊甸园里把自己藏匿起来，上帝说："亚当，你在哪里？"他嗫而不答。如果是我，我会走出说："上帝，我在，我在这里。"因为，我知道，一句"我在"，代表着自己也在生命的大教室里出席，在享受温暖的同时，也为自己，为他人，带来温暖。

张晓风老师曾在一座山中说过一句让我温暖许久的话，并谨以此作结：

"树在，山在，大地在，岁月在，我在。你还要怎样更好的世界？"

# 清 明 忆

童 晶

"清明时节雨纷纷,路上行人欲断魂。"

我睁开眼时车已经开进农村了,爷爷的墓地在他的老家,在那个清新朴实的农村。

天气真应了杜牧的那句诗,开始淅淅沥沥地下起小雨来,坑坑洼洼的田野小路上积起了一个个或大或小的水洼,雨丝飘进池塘里荡起了层层涟漪,耳朵边上全是落在水面上此起彼伏的咕噜声,此外,更为连绵不绝的细雨已经悄悄然埋进土壤。

润物细无声。

窗外密密织了一层雨幕,把整条小路渲染成青灰色,显得阴暗又沉重。

而远处连绵起伏的青山也被笼罩进雨幕中远去了,如丝如绵的细雨穿针引线般织起了一份回忆。

记忆中的爷爷是个不苟言笑的小老头，他不会给我买棒棒糖，不会给我讲动听的故事，只会给我讲听也听不懂的大道理。

五岁时也是这样的下雨天，当时我磕磕绊绊地在路上摔了一跤，浑浊的泥水弄脏了我的白裙子，我趴在地上哭，爷爷却不来安慰我，只是把伞举在我头上为我遮雨，对我说："自己爬起来囡囡，勇敢一点儿。"我哭哭啼啼地爬起来后，爷爷对我说："人生的道路上不知道要下几轮雨呢，上山时山路崎岖，要想看山顶的美景，就看你摔倒时愿不愿爬起来。"当时我只为我脏兮兮的白裙子心疼，并没有理会爷爷那句耐人寻味的话，如今回忆起来，却也似那连绵起伏的青山隐进了朦胧的雨幕中去了。

——"清明时节雨纷纷，路上行人欲断魂。"

我踩着的泥泞的小路，蜿蜒着不知伸向何方。我望向一排排墓碑，在低沉的雨幕中显得格外哀伤，不知这方土地之下沉睡了多少古人，沉淀了多少悲伤，埋藏了多少故事。

我来到爷爷的墓前，墓碑上的照片里老人慈眉善目的神情可以令人想象得出他度过了多么美好的一生。

我用手轻轻拂去墓碑上的泥水，怕吵醒了土地之下沉睡的老人。妈妈叫我去给爷爷烧些纸钱，我将一沓黄色的纸一张张扔进火堆，任微风将它们带向远方。我怀念起逝去的爷爷，想起他与我一起度过的日子，那真的是很长、很好的一生。

我把一捧菊花放在爷爷的墓碑旁,看着这挂满雨水的菊花,不知不觉间被世事蒙上灰尘的心叶竟也似这菊花一样被雨水冲洗得晶莹纯净。

我给爷爷叩了三个头,我看着眼前熊熊燃烧的火团,似乎对爷爷积极乐观的生活态度有所领悟了。

——"清明时节雨纷纷,路上行人欲断魂。"

我把伞靠在了爷爷的墓碑上,为他遮挡这绵绵细雨。

我望向那阡陌交错的田间小路,蓦地读懂了爷爷十年前所说的话。

我漫步在油菜花丛中,雨不知何时已经停了,明黄色的油菜花迎着温暖的阳光。

在这个烟雨蒙蒙的清明节里,我读懂老人爷爷的人生,接下来的路,不管是万里晴空还是狂风暴雨,我都会带着爷爷的教诲坚定地走下去。

# 你，温暖了我的视线

阙淑玲

初晨的阳光刚触碰到远边的山，隐隐约约显示着一条山的轮廓线。

揉开惺忪的睡眼，看见的是厨房里忙个不停的妈妈。一头利落的短发，头顶的头发有些稀疏了；陈旧的黑色短袖，几乎快洗白了的橘色七分裤，土蓝色人字拖。

随手翻开放在床头的相册，阳光照在棕色的封面上有些反光。

长发飘飘带些懒意的女子站在杨柳堤岸，白色衬衫，红色紧身的长裤正好裹住腰，显得很是凹凸有致。她是谁？当然是我年轻时的妈妈。暖风拂过她的笑靥，眼里充满着对未来的憧憬。在我出生之前，她也是没有忧虑的女孩儿，城市或是乡村的任何一处空气都让她感觉到自由的气息。

下一张，一个疲惫的母亲映入我的视线。总觉得与上一张有着许多年的距离，那时候的我那么小，睡在她怀里。她已不再是青春活力的女孩儿了，她有了我，有了负担，也有了责任。她不再喜欢贴身的衣服，而是成日里穿着宽大的运动衫。她不再在意她的长发，而是随意地捆了个低低的马尾。

　　再翻，一个母亲的笑脸占据了我的瞳孔。她扶着刚学会走路的我，双手不紧不松地撑着我的胳肢窝，兴奋的我露出两颗还没长好的门牙。我长大了，这是值得开心的事，可是没有人会注意到妈妈渐渐变老的容颜。

　　记忆里的妈妈总是一副坚强、不会累的模样。

　　妈妈年近四十了，也犯了岁月溜走后留下的毛病，腰痛、腿酸，体质一向好的她也终于不服气地打了吊针。

　　这一切，都在告知着，妈妈老了，老了。

　　龙应台说："妈妈是那个搭了'时光机器'来到这里但是再也找不到回程车的旅人。"这么深刻的话语，戳痛了每个子女的心。

　　"早饭我做好了，起床后去厨房自己端，我要去上班了。"还没等我回答，妈妈已经拿着钥匙走出门了，只听见门轻轻地"嘭"了一下，随后是楼梯上渐而远去的急促的脚步声。

　　我站在阳台上看着妈妈的背影，阳光金灿灿地洒在她身上，在我视线里格外耀眼。

# 微笑的橙子

孙路平

那份蕴满爱的记忆,我珍藏在微笑的橙子里。

——题记

鲜艳的包装袋里,几个橙子正在安稳地睡着。它们如同那早上的太阳一般圆滚、灿烂,正散发着让人无法抗拒的诱人气味。

早已被诱惑得无心看书的我,极力克制着自己想吃掉它们的欲望,目光不停地在它们身上飘来飘去,不肯离开半步。

看着我那迫不及待的样子,正要出门上班的妈妈无奈地摇了摇头,示意我先去洗手。我推开书,冲进院子。初冬的晴空是这样的好,颜色是很贵族气的灰蓝,温润又傲慢。此时的阳光也是弥足珍贵，实在值得人好好去品味。手在细细的水流下待了不过片刻，来不及和妈妈说再见，我双手一甩，欣喜地跑进了客厅。

那两个被剥掉衣服的橙子正端庄地坐在桌子上，像极了古代的大家闺秀。它们金黄的肚子上还缀着点点白色，如同金镶玉、玉衬金似的，搭配得如此完美。

一把抓起一个橙子，一股清幽的香味悄然升腾，忽然，指尖传来冰凉凉的感觉，我把橙子的身子扳了过来，一个微笑映入眼帘——一个两边翘起、中间下凹的刀痕明目张胆地趴在橙子上——多美的微笑，真没想到老妈这么有创意！

轻轻吮吸了一下从"微笑"里流出来的汁液，好甜！我心满意足地舔了舔嘴唇，空闲的那只手翻开了身旁的书，一片纸悠然坠了下来。

拾起它，一行小字被吸入眸中——

"我尝了尝橙子，甜的放在你桌上，西桌上的酸，别吃。

——妈妈"

转过头看了看西桌上的橙子，伸手捞了一个，对着那"微笑"一吸，酸酸的汁液如刀锋般划过喉咙，酸透了我的身体，口腔内立刻变得苦涩起来，与我桌上的那个甜美的橙子截然不同。

这一刻，我才恍然，原来妈妈提前切开橙子，以及那

"微笑"的创意都是为了替我先尝酸甜啊！我只知道，妈妈是爱我的，却不知道，妈妈的爱会布满生活中的每个细节，每个角落。

橙子的"微笑"感染了我，浓浓的爱意把我紧紧包围，那初冬的阳光透过窗户，照得我身上、心上都暖暖的，而所有的一切，在这一刻都渗进了我的记忆，值得让我永远铭记。

# 月光下的父亲

邓慧琪

月光斜射入镂空的窗子，洒在床沿上。

惊醒的我靠坐着，失落，放空。不经意地瞥见墙上那鲜红耀眼的奖状，与那极其不相称的五十六分的试卷，想着如月光一般奶色的、迷茫的未来，不由得心生不合时令的丝丝寒意。

期中过去，终考将近，如此状态，怎渡？怎渡？

解衣欲睡，猛然间发现书房闪着灯光。谁？难道是爸爸回来了？

我蹑手蹑脚地走进房中——果然是爸爸。

我悄无声息地走进，只见你伏在桌上，敞开的窗子拂进阵阵凉意，那缕缕银丝在风中摇曳，那么清晰，那么刺眼。一头乱发，一脸疲惫，嘴巴一张一翕地均匀呼吸着，发出细微的鼾声，整个身子轻微地一起一伏。

你一定很累——爸爸！我鼻子一酸。

"爸，老师说要买课外阅读名著，要交钱。""爸，我的书包坏了，要买新的。""爸，笔快用没了，还有本子……"

"行，要钱是吧？拿去吧，为了你的学习，都买。"

近来，频繁地向你索取，却不曾看到你的不易，也不曾说声谢谢，只是望见你的背影愈加弯曲了，你的脸庞愈加疲惫了，还有那丝丝皱纹是何时爬上你的额头的？

时日交替，带着骄傲自豪的好成绩在风中消散，而那差劲的分数却仿佛听见诏令，来到了你交叉的手臂下。

回头一瞥身后的钟——十二点五十六分。你——我的父亲，在帮我分析错题吗？一定是的。我愣在那里，一阵愧疚袭上心头。

父亲，那一刻，月光，灯光，影子……光影交错，温柔地舔着你的脸庞。你的呼吸和着这充满凉意的夜风，吹动了你公文包上散放的一堆工程案资料。呀，你这些天不是在负责工程案子吗？不是一直在应酬加班赶工吗？怎么此时西装都没有脱下便为我分析起错题呢？

心中的酸楚与愧疚如浪潮一拥而上，身后的时钟滴滴答答，那延长节拍的呼吸，充斥着寂静的夜。轻取一床毛毯，盖在你宽厚结实的背上，无言地站在一旁，呼吸着你的呼吸，似有所悟。

这一刻，一颗焦躁的心，在朦胧撩人的月夜下，静了。爸爸,有你的支持,我不会放弃,有你的期盼,我会更努力!

怎渡?怎渡?争渡!争渡!

带着一份难过后的醒悟,看着灯光下显得格外温柔安静、高大的你,我默默退出书房,轻轻掩门。

深夜,露出疏疏几颗星,牛奶一般的月光,静静柔柔地洒在父亲的背上,也洒在我的心里……

## 就这么垂垂老去，也是一种温暖

裘嘉懿

你的眼里映着高度曝光的夏季般的光。

你兴趣广泛，总是捧着口琴抱着吉他，总是偷偷用妈妈的化妆笔将自己化成"阿凡达"，然后在穿衣镜前嗡嗡地砸着贝斯，想象着灯光舞美和Band；你会翻开笔记本新的一页，用最好的字工整写下一条闪耀又可爱的路线：北京五棵松、日本武道馆、英国皇后广场……你总翻着漫画捧着画册，总拿着画笔到处画，画布、课本，甚至衣服；总傻乐像个孩子的你会突然看着一幅画安静下来，说着长大了也要当画家。你总是执着追求那熊熊燃烧着的梦想。

年少轻狂。而你的眼前戴上了厚厚的镜片。

你上了一所本分的大学，找到了工资不高但还算稳定的工作。你有了家室，前年刚还完房贷，孩子成绩还算让人省心……那天你整理仓库时，翻出了一个尘封已久的盒子，盒子里躺着的是口琴、网点纸、压杆笔……是曾经到现在无力提及的不羁与口口声声的梦想。终于在昏暗的灯光下，看到琴上斑斑锈迹时，才意识到自己早已泣不成声。

你知道的，你和彼时的那个自己，早就被时间的浪覆过又冲开，温柔而坚决。你多么努力地去想起曾经的那个幼稚却勇敢的自己啊，却发现你们彼此都搁浅在了对彼此的臆想中，却无法触到彼此。你知道的，不是每个笨拙懦弱的人都会有一架哆啦A梦的时光机，而你也不会再想坐时光机回到过去搏那些梦了。你已经明白自己从来就没有那样强大的心脏，去包容时间失落而哭泣的悲伤。你很珍惜现在固守的平凡：下班一回家就能闻到饭菜香，孩子会蹭到你身上说着一大堆好听的话，接着开始提前几天看中的某双球鞋……你开始说，那是温暖。

垂垂老去，仿佛是突然。

你的眼睛开始浑浊看不清东西。

你的孩子也有了孩子。即便他们每周只回家一次，你仍觉得满足。你会教教孙子识谱，给他全部的雪白墙壁画小怪兽养成记……某天你和老伴去买菜，因为那天阳光很好，所以一路上心情不错，没和老伴拌嘴。你推推老花镜眯眼看安静悬浮的尘埃，意识到自己正和时间一起变老泛黄……孙子又回来，他欢快地扑进你的怀里。他的体温透过你的指尖，注入一丝暖意。

哦，就这样老去，也是一种温暖吧。

你眼前的视线突然变黑了，看不到任何东西。

你闻到了消毒水的味道，随之听见了仪器"嘀——"地带着深沉留恋的一声长音，还有哭声。你感觉自己的眼睛还睁着，却看不见了，于是你想说，闭眼吧。闭眼的那一刹那，你的内心溅起了一朵很小很酸的温暖。你唯一还想着的，是孙子长大了，和那时的你一个年纪。他是另一个你。

他的眼里映着高度曝光的夏季般的光。

# 假 装

刘 博

　　看见你又淡淡地对我微笑，假装一切都没有发生过。我仿佛觉得假装是一门深奥的学问，就像那身穿华服的少女充满魅力。

　　夜幕低垂，我静悄悄地在门后伺机，看见你将房门关上，关掉了灯。我心中涌动着按捺不住的喜悦，终于又可以玩游戏了。我完全沉浸在游戏带给我的享受中，陶醉在闯关带给我的快感中。忘却了时间，忘却了自己毕业生的身份，忘却了身边人为自己的全力付出，任凭自己在游戏的泥潭中越陷越深。

　　就在我忘乎所以时，房门被突然打开，这毫无预兆的突袭让我措手不及，你看见屏幕上跳动的画面，毫不迟疑地给了我两个耳光，清脆响亮。画面上的任务仿佛也被吓得一动不动。眼泪滚烫，滑过脸颊，悄无声息地落在你的手心里,你的手仿佛被灼烧得通红。

"睡觉!"带着不容置疑的语气。我乖乖躺在床上,你也转身离开。那一夜任凭眼泪肆虐,脸上火辣辣的。我深深痛恨着不争气的自己,一次次纵容自己、原谅自己。眼前浮现的是你忙前忙后准备早饭、你下班后疲惫操持的背影。我却用一次次的退步,一句句的抱怨回报着你呕心沥血的付出,让你的心、你的希望一次次破碎。我该怎么面对你?

早上你又如往常一样叫我起床,看见桌上如往常一样的饭菜,看见你如往常一样淡淡地对我微笑。我微微一怔,难道你忘记了昨天发生的一切?我忽然感觉到一种心灵上的解放,一种被原谅的释然。也许假装一切都没有发生过便是对我最好的原谅与教育。我一言不发地吃完早饭,享受着阳光的照耀,心,在那一刻暖暖的,我也假装没事般地朝你笑了笑,那笑容里,有我们的秘密,更有你对我不曾假装过的爱意。

# 背　影

夏忘幽

从车上下来，凛冽的秋风卷起了满地枯黄的落叶，空气中充斥着难闻的泥沙味，漫天的扬尘在空气中肆意地飘行着。走在通向外婆家的空旷的小路上，眼前仿佛出现了一个熟悉的身影，正一步一步缓慢地向前走着。

时光倒回两年前，同样的时间，同样的地点，唯一不同的是那时有外婆来接我。

外婆坐在路口的石椅上，眼睛一直盯着我们来的那个方向，看到我们下车，她布满皱纹的脸上露出了笑容，像一朵怒放的鲜花。妈妈搀着外婆走在前面，缓慢地行进着，一边走一边聊天。外婆的背影显得那么单薄，像一根枯枝，轻轻一碰就会折断似的。妈妈比外婆要高很多，她虽然很瘦，但和外婆比起来，却略显胖些。如果不是亲眼所见，我很难想象世上居然还有外婆这般瘦的人。就是这样一个老人，还坚持照顾菜地。

回到家三四天，我就吵着要吃外婆种的菜。外婆笑着说明天就去给我摘。第二天一早，外婆拿着篮子带着我和妈妈来到了菜地。外婆把菜地打理得井井有条，花花绿绿的菜看得我目不暇接。妈妈和外婆在菜地里来回穿梭着，采摘着绿油油的小青菜。外婆一边教妈妈怎么摘，一边自己也动起手来。她手脚麻利地拔起一棵小青菜，三下两下地把外面的老叶子扒了，再用大拇指轻轻地把根一掐，然后把择好的菜放进篮子里。我看着她不断移动的忙碌的身影，不像初见时那样单薄，变得结实了，洋溢着幸福和快乐。

吃过晚饭，我们坐在院子里聊天。院子里外婆种的各种花草都枯萎了，一眼望去，四周一片单调的黄色，显得毫无生机，月光淡淡的，抬头一看，它好像被乌云遮住了，掩盖住了原有的光彩。刺骨的冷风拼命往袖子里钻，外婆起身去屋里拿衣服。她的背弯曲着，拖鞋和地面摩擦发出刺耳的"刺刺"声。在月光的映衬下，外婆的背影显得那么疲惫，就像一个在沙漠里缺水的旅行者，好像已经走不动了，姨妈告诉我们，外婆的身子骨越来越弱了。

我们在这里陪了外婆一个月，离开的那一天，她坚持要送我们去车站，在依依不舍地道别后，我们上了车。因为是清晨，空气中弥漫着一层白茫茫的雾。秋风萧瑟，从车窗里我看见外婆离去的背影是那般孤寂，在寒风的吹拂下她的衣服飘了起来。她摇摇晃晃地走远了,背影越来越小,最后消失在层层迷雾之中。没有了亲人的陪伴,这条路一定很漫长吧!我不禁潸然泪下。

如今,外婆已经离开我们三年了。当我再次来到这条路上,竟有一瞬间的错觉——在那黄沙弥漫的前方,有一个孤独的背影,瘦弱的身躯若隐若现,一刹那,这条路变得好长好长,任我怎么走也看不到尽头,一如我对外婆的思念,永藏心间。

## 感恩是不褪色的锦缎

谭 玮

愈是长大，人的心境愈是孤凉。愈是长大，对父爱的体验愈是深切。

那是前天下午，父亲按往常一样提早去了学校。父亲吃完饭，坐在办公桌前，准备着教案。真是奇怪的雨啊，说下就下，不给一丝讯息，让人措手不及。厚厚的玻璃阻隔不了雨声，滴答，滴答，有节奏地敲击着，诉说着……这哪是雨声啊，分明是心声。与父亲的心境不谋而合，更能触发他内心的烦躁，烦躁过后是中年的孤凉。偌大的餐厅，一个人吃饭；寂静的办公室，一个人在备课。雨愈下愈大，孤凉就愈深，便想逃避，想躲离。愈是孤凉愈想躲，愈是想躲愈孤凉，于是乎，父亲病了。是身体上的病，可我觉得，更是心病。

其实，我早知道父亲生病了，从前父亲做什么都不皱眉的，一旦他生病，总会微微皱起眉头，仿佛不愿接受这个打击似的。

直到昨天中午，父亲并没有把生病一事告诉我，包括母亲。他仍然一个人做饭，然后等我。我终于到家时，父亲有些撑不住了，打算去睡觉，可最终还是留下陪我。或许，是父亲不愿让我也感觉到孤凉？我为自己的想法心惊。

今天中午，父亲终于把生病的事告诉母亲，怕是已经抵抗不住病毒的侵袭。父亲一向喜欢用宽厚的双肩扛起困难，他一向都是"无所不能"的代名词，一向喜欢说"想当年……"于是，一个英勇神武的高大形象呈现在我面前，他更喜欢说"小case，看爸爸的"。可超人也会累，父亲不是超人，但他依然笑着。

其实这几天，我也一直在反思。每次我都很快地吃完饭，把筷子一丢，忙走进自己的小屋，却把父亲一个人留在餐厅，孤单地吃饭。每次我打开电脑，放着我喜欢的音乐，父亲要是偶尔放他那个年龄听的歌，我总是说，难听极了，换，换，换！每次品尝父亲刚学会的几道菜，我总是对它们品头论足，而父亲毫无怨言，微笑面对，于是又有下一次好吃的等着我了。现在想想，我又有什么资格享用这一切呢？

这几天我改变了很多。我总是刻意慢慢地吃饭，多留点儿时间陪他说话，和他一起听那些老掉牙的歌曲，赞叹着他做的这道菜、那道菜。看着父亲满足的笑容，我更要感恩父亲为我做的每一件小事。而对于父亲来说，我的每一件小事都是大事。

前面的路还很漫长，感谢父亲能陪我一起走。我愿慢一点儿，再慢一点儿，陪父亲一起度过美好的时光。

纵然流年难握，愿感恩之心长伴，永不褪色，永不相离。

# 捡拾幸福

李 然

> 捡拾起身边的幸福，品尝一种甜蜜的味道，感受一种温暖的爱意。让幸福一直萦绕在心头，飘荡在我们身边。
>
> ——题记

记得童年时，妈妈先往澡盆里"哗啦啦"地倒进半盆温热的清水，然后把光溜溜的我往里面一搁，往我身上撩水。浸泡一会儿之后，妈妈开始给我搓背。我每次都咧着小嘴，欲哭不能，想把肉嘟嘟的小手从妈妈那里挣脱出来，可全是徒劳。后来，妈妈一边把搓下来的白腻腻的"小泥条"放在掌心让我看，一边用手指刮着我的小鼻子，笑着说："真脏！"这时，我就会安静下来，也用小手在自己鼓起的腮上点几下，奶声奶气地说上一声"真脏！"然后老老实实地让妈妈搓洗。"疼吗？"妈妈问。我摇摇头，然后拍着水，嘻嘻地笑着。

渐渐地，我长大了，可以跟妈妈一块儿去澡堂里洗澡了。

直到此时，我才知道搓背可不是一件轻松的差事，每次帮妈妈搓完，我都会全身出汗。不过，我从不感到疲乏。每当看见澡巾所到之处搓出来的"小泥条"时，我就一半玩笑一半认真地说："老妈，你瞧瞧，真脏！"妈妈扭头看一眼，然后笑着点点头，有些难为情："哦，是挺脏的。"接下来，妈妈会给我搓背，只是"小泥条"似乎少了许多。或许是我长大了也变得爱干净了吧，也许是妈妈已经有些力不从心了吧。我问："累吗？"妈妈摇摇头。不知怎么的，我感到鼻子里酸酸的。

转眼间，我成为一名初中生，经常陪妈妈去洗澡。每次走进澡堂，我都扶着妈妈坐稳后，帮她洗头，打肥皂，搓背。妈妈的皮肤只是无力地皱着，似乎已经没有了往日的弹性。我小心翼翼地在妈妈背上搓着……每次，我都会附在妈妈耳旁，轻轻地问上一句："疼吗？"妈妈摇摇头，我便安心地继续搓。

于是，人们经常会看到一对母女拎着布包去澡堂。在别人羡慕的目光里，母女俩都尝到了幸福的味道。

## 或许我是爱你的

崔彩霞

六月,阳光明亮而温和,一首轻柔的曲子,给人以美的享受,我站在树荫下,阳光透过叶子间隙洒上脸庞,伸手触摸阳光,心里满是幸福的感觉。"嘀嘀",一辆大巴车停在眼前,我的心怦怦跳,随着脚步声临近,我慢慢抬起头,怯怯地看着你喊"爸爸",你是多么高兴,可当时我的心里话是:如果有下辈子,我宁愿不做你的女儿,因为这是十五年来我第一次见你。

餐桌上,你不停地给我夹菜,满脸微笑看着我,而我只是一如既往地埋头吃饭。吃完饭后,我收拾桌子,你也围着我转,害得好几次差点儿绊倒我,我看了你一眼,你像做错事的孩子一样站在一边,委屈地看着我洗碗。你硬是要帮忙,不料"叭"的一声,地上满是碎片。晚上,我早早睡下,只因不想面对你,不想跟你说什么,想起白天的点点滴滴，泪水顺着脸颊流下。当别的孩子与爸爸在一起时，你在哪儿？当我哭泣的时候，你在哪儿？当我生日的时候，你在哪儿，在哪儿？连在梦里，你留给我的永远都是一个模糊的背影。梦里，都不能相见吗？听见脚步声，我赶忙闭上眼睛，我知道是你，你小心翼翼地走到我床边，然后，轻轻给我盖好被子，再慢慢地走了出去，我的眼泪再次流下，我想，或许你是爱我的。

照相时，你的举动让我措手不及，你说你要抱着我照，但我说什么也不干，但最后，我还是依着你，你抱着我，像宠爱小孩子般。你骑着单车带着我去游玩，我坐在后面抱着你，帮你数着有多少根白发，你说，你是想我想出白头发的，我不语。我们在一处幽静地下了车，肩并肩坐在草地上，你对我讲述着十五年来你对我的爱，你哭了。我向你讲述着我这十五年的故事，你的喜怒哀乐，随着我讲的事情而变化，最后，我牵着你的手，你推着单车，夕阳西下，我们一起回家。晚上，你说你明天就要回广州了，我依旧不语，早早睡下，被窝里，眼泪一直流。或许，我是爱你的。

原来，我还是爱你的，没有谁欠谁，爱终比恨多。

天空下着细细小雨，依然是那树荫下，但我身边还站着你，大手握小手。

# 月　下

仇卢琦

"这是明天要穿的，羊毛衫、棉裤、棉袄……"晚上，母亲摞了一大堆衣物进了我的房间。"妈，我知道了。一天到晚喋喋不休，烦不烦啊。"我不知怎的涌起一股无名火，冲母亲吼道。母亲一下子怔住了，眼眸中泪光闪动，一声不吭地扭头出了房间。

心情烦躁是常有的，可一不小心就会让青春桀骜不驯的棱角露出，将母亲割伤，我后悔不迭。

茸茸的光辉从巨大的玻璃窗中洒下，平静得如一汪深不可测的湖水。今夜月明！我按捺不住欣喜，站在月亮下，凝视着，一切深埋于心底的记忆似乎又鲜活起来。

小时候，常流连于那片美丽的夜空下，因为月的存在。那时候，懵懂的我常常会想：为什么吴刚砍了这么久的树还没有砍完？为什么嫦娥深居广寒宫？于是，年轻的母亲便扮演着一个老师的角色，给童稚的我讲嫦娥奔月、吴刚砍树的故事，跟我一起念"灭烛怜光满，披衣觉露滋"的诗句。母亲抱着我坐在小板凳上，牵起我的手指向夜空，好似在希冀月光的赐予。母亲念诗句那好听的声音贯穿了我整个童年，对我的成长产生了潜移默化的影响。

时光打着旋儿流去了，可月下的故事依然没有停止。

考试考砸了，回来向母亲哭诉。她却一声不吭，牵起我的手来到屋后的秋千前。我有些疑惑，但稳稳地坐上秋千，好像在重复童年的游戏，心中的伤感也一点点平复了。飒飒的风刮过我的面颊，丝毫没有温度，只看见我的影子一起一落。我抬头望向母亲，她并没有多少言语，只淡淡地吐出一句："月亮在你的后方！"我这才意识到，这没有温度的风原来是因为我背对月光！我迅速转过身来，当我面对着这明亮的月光时，已经平静如水了。

心灵的顿悟就在母亲那看似不经意的一句言语中。母亲的话虽然简短，但传达给我的却是人生的道理和智慧。或许，母亲的智慧就在于让我自己去领悟，并且更坚强地面对现实与未来。

放逐的思绪又被一点点召回。物是，人非。眼前的月珠圆玉润般生辉，沉鱼落雁般扣人心弦，与多年之前的并无两样。但是，我的身边，怎么少了那个熟悉的身影？

我迅速地跑到母亲房间，喊了一声："妈——"，之后的双目对视让彼此的矛盾豁然冰释。"妈，今天月明。""要不，出去走走？"我的眼睛有些湿润起来，点了点头。

月光下，母女两人的背影交织，彼此的欢笑随风飘摇，谱写成最动听的声音。

# 最熟悉的陌生人

张浩然

霓虹灯下，花花绿绿的人群川流不息。你背着乳白色的光，匆匆地走了，头也没有回，我就这样站在阳台上，看着你佝偻的背影，渐行渐远。

现在，屋子里淡得没有一丝你的影子。我看着洗衣机里的衣裳，心里有一种莫名的悸动。从什么时候，我开始让你沉默了？又是什么时候，我不再听你的话了？

从六岁能记事起到现在，你一直没有让我受过任何苦，哪怕是少吃一口饭。你总是唠叨着："多吃一点儿！""别玩了，该看书了！""记得走了关门啊！"你不厌其烦地说了十四年，我终于烦了，怒声吼道："说了多少遍了，我又不是聋子！"怒气渐消的我马上感觉到了一丝惊恐，这是我第一次和你顶撞。你没有说话，脸上少了些许红润。

我觉得自己长大了，没有你也能活下去了，对你总是爱理不理。我忘了小时候你抱我的情形，更忘了你每一次看我时那喜悦的眼神。

入夜，风萧索，落叶飘了一地。天气渐冷，在一次出门时，你对我说："天冷了，记得多穿件衣服！"我总觉得你的言语是一种命令，自以为独立的我略带嘲笑地讥讽道："哦？冷吗？我穿什么衣服关你什么事？"自以为我的叛逆、我的独立得到了体现，可是在你转身过去的时候，我分明听到爱被生生折断的声音，看到它苍白的伤口和你那因为悲伤而黯淡的眼睛。我后悔了，后悔这样和你说话。你还是一句话也没有说。水盆里，我那件满是污渍的衣服被轻轻地放了下去，还有你的关心，都被放了下去。没有溅起一丁点儿的水花，惊涛骇浪却在拍打着我的心。

那天，我回家的时候，你看见我便出去了。我看着你萧索的背影，感到非常难过。曾经的爱，都不复存在了吗？有些人，是不会给你第二次伤害他们的机会的。如今的陌生，不是我应得的吗？

你很少再和我说话，偶尔打听一下我的成绩。床上的衣服是你放上去的吗？我凌乱的书桌也是你收拾的吗？我回首检视自己时才发现，你的爱在我身上烙下太多的痕迹，甚至入骨入髓。我听见血管里"哗哗"地流动的声音，现在，我终于明白了它的意义。

我知道，你还是爱我的。只是，那份爱已变得沉默。

父母养我们长大难道就是为了防老？难道就是为了以后老得不能赚钱生存了，养了一辈子的儿女能在这时候递上一份养老金，供他们继续生活？不是，都不是。那是一份无条件爱我们的心啊！

我看到自己脆弱的影子在风中摇曳着，巨大的寂寞围绕着我。可能只是一句话，便让你难过得不再愿意交谈。全身是刺的我终于被自己的刺蜇伤了。我们变成了最熟悉的陌生人。

我不想看见，岁月在你脸上的痕迹；我不愿意看见，失神的外表下那份满是伤痕的爱；我不要看见，你内心深处的寂寞。

那份熟悉的温暖，在我轻狂的日子里，陌生起来。

我在人群中偷看你的笑脸，恍惚间仿佛回到了从前。

## 掌心里的爱

徐 欣

当两手紧靠,心中便涌起无尽的温暖,那爱的暖,如阳光一般。

——题记

温暖的阳光好似条金毯般,铺在外婆的竹椅上,掩在外婆充满沧桑的脸颊间,她斜靠椅背,目光却直挺挺地望向窗前,望见那迷糊的世界里。我背着书包,一如既往地穿过马路,走向回家的路,只是,如今却只有我一个人,但,我知道,外婆一定在不远处望着我,在外婆因年迈而朦胧的视野里,我依旧是鲜明的,依旧饱含了外婆无尽的担忧与牵挂。

时光不禁退回到以前,那时的我还小,父母工作忙,没有时间,外婆便每天不间断地送我上学。我的手掌被外婆紧紧地攥在手心里，一前一后地走着。阳光灿烂地斜照着大地，映得外婆手心里的汗水折射出五彩的光芒，转过身，看见外婆根根黑发隐在她大片的白发里，外婆年纪还不算大，可因为体型肥胖，步伐总是显得缓慢。

阳光越发刺眼，我在前面拼命地往前挣着走，外婆竟是拼了老命般，就是不放开我的手。她大口喘着气，步子急促地迈着，鞋跟不断地摩擦、敲击着地面，"叮叮"的声音萦绕在耳畔，显得格外刺耳。直到看到了学校，外婆这才放开了我的手。她也着实疲惫了，看到我快乐地奔向学校，在阳光的映照下，我的影子越拉越长，就如我逐渐长大的身躯般，但，转过身，外婆依旧站在那儿，从来如此。

时光蹉跎，外婆年迈了，无论外头的阳光多么耀眼，我终是不能在外婆的发隙中找到一根黑发。但，外婆依旧送我上学，考虑到外婆的步子慢，我便一直牵着外婆的手，不离左右。外婆温暖的手轻轻地牵着我，夹着满掌的阳光，融着外婆对我的爱，每当此时，心头便涌动着无尽的幸福。

我紧攥着外婆的手，外婆走路里边，我走路外边，我愿意就这样在不经意间保护着外婆。到了学校门口，我终究还是不舍地放开了外婆的手，但，阳光依旧凝聚掌心，外婆的爱一直在伴着我。"外婆，您慢点儿走！"我站在原处，朝外婆喊着，我愿让我心头的阳光也凝聚在外婆的手心，融着我对外婆的关怀。

直到有一天外婆再也无法送我上学了，心中虽然有落寞与感伤，但在一个人的独行路上，感觉阳光依旧夺目、温暖，是因为心头缀满无尽的回忆。

抬头回看，无意间望见楼房的窗口上外婆熟悉的身影，虽然看不清外婆那满眼关怀的神情，可抬起手，却看见那满掌的阳光。是啊，外婆的爱，依旧如那阳光般悄悄伴着我，无论外婆身在何处。

轻轻打开手掌，那暖暖的，全是爱。

## 阳光的味道

保涵天

阳光是什么味道？是甜、是酸、是苦，抑或是外婆手下的银杏树？

小时候，总爱和外婆在一起，因为亲密，因为关心，更因为外婆家总有阳光的味道。

自从我出生起，门前院里便多了两棵银杏树，虽不高，却体态丰满，枝叶茂盛，每年总会零星地结上几簇果实，白果虽不多，但对那时年幼的我来说，已是一种享受。

每至秋日，凉意渐渐袭来之时，外婆总会带上一根长竹竿，在密叶间轻轻拍打，那些白果便纷纷落下。贪玩的我便会悄悄地趴在树下，拾起几颗白果，细细把玩。刚刚摘下的白果，十分新鲜，也十分稚嫩，如婴儿的皮肤般，丝滑柔软中，还带着些许水分。撕开绵软的皮，淡黄色的鲜露琼浆便流了出来，看似诱人，却十分苦涩。

听外婆说，新鲜的白果是不好吃的，味道十分苦涩，而且还带有毒性，要经过阳光洗礼后，才有鲜美可口的味道。我半信半疑，总认为东西越新鲜越好，并偷偷地用一个盒子，存起一罐。

外婆用簸箕将摘下的白果收起来，去其糟粕，取其精华，并把那些白果平铺在一张大塑料布上，任那些雪白的精灵汲取阳光的活力。

一个星期后，外婆揭去了薄膜，原本雪白的果子，在一个星期的日光浴后，变得暗沉了不少，先前柔嫩的果皮也变得坚硬。抓起一把，放近鼻口，一股浓浓的阳光馨香扑面而来，如文火细熬的浓汤，似山间四时的野芳，沁人心脾，令人陶醉。

接过外婆递过的几颗晒过并在火上小烤之后的白果，诱人的香气勾起我的食欲。剥开白果，绿油油的果肉映入眼帘，放入口中，淡淡的苦味加上一丝甘甜，十分爽口。

不禁想起外婆的那番话，也许，正是因为阳光，使这白果去除苦涩，沉淀香甜。

如今，早已远离了外婆的银杏树，仍不忘那阳光的味道，在那甘甜苦涩的味道中，是外婆如阳光般的浓烈的爱。

# 依 然 爱 你

谢文杰

时光流到现在,你已经七十九岁了。与其他老人不同的是,你总是吮吸松软暗黄的拇指。没有聚焦的眼睛张得大大的,显得空洞而天真。口水顺着拇指流过整个手掌,滴到地上。

你一定忘记了我的承诺,将你八十大寿办得风风光光、热热闹闹。我知道你一定忘记了,就像你忘记你是谁,忘记了我是谁一样,统统忘记了。

那天,你依旧吮吸着手指,望着我痴痴地笑,突然将满是口水的手向我伸来。妈妈看见了忙阻拦你,呵斥着你不要弄脏我的衣服。你不好意思地笑了笑,看了看手掌,就要往身上抹,我忙抓住你的手,用纸巾慢慢擦拭。泪水早已朦胧了我的双眼。我懂你的,你一定是要用那只曾无数次抚摸过我的手掌再一次轻抚我的额头。我只想在你耳边悄悄告诉你,不管你变成什么样,我依然爱你——我的爷爷。

你曾不止一次地向我透露你会中风,会变得痴呆,甚至会永远离去。每一次我都要对着你说,我会照顾你,就像你照顾我一样照顾你。你大笑不止说,小东西还能照顾人?我坚定地说那你就看着吧。不知道是不是我坚毅的眼神给了你信心,让你放心地在数天之内就如换了一个人,我惊呆了,一个人居然可以变得这么彻底,这么决绝。我还在想这个人是假的,盗用了你的外表。有一段时间,我看见你的确是快乐不起来的,我不喜欢你把大拇指放在嘴里吮吸,因为我做这样的事时,你曾教训过我,说手上有细菌,可现在你为何如此?当然,这是两年前我的想法。如今我总算懂得,你依然在我身旁,只是换了一种存在的方式,你已然变不回去,那么我只能改变自己。我知道这是你在考验我。对不起,我的爷爷,让你等了两年我才明白这些,现在,我只想告诉你,我依然爱你。

当我喂你一勺米粥时,你笑了,依然是痴痴地,可眼睛里真切地有泪花闪着。你无法述说,但我知道一定是触动了你的某根神经,那根神经记载了我的承诺,那个说要好好照顾你的承诺。

"再来一勺,来,吃口酱萝卜吧,你的最爱。"你微微张开了嘴,我把酱萝卜轻轻地放在你的舌头上,你便香甜地咀嚼起来。现在的你会很轻易感到满足,就像小时候的我，生活简单而幸福。

爷爷，你不复睿智与敏捷，我也不再年幼与单薄，但你依然爱我，我依然爱你，什么都没有改变。

# 那一抹心痕

付启东

> 刀刻在墙上,需用水泥来补,留下一块黑印;刀刻在心上,要用爱来补,留下一抹心痕。
>
> ——题记

小时候,你和爸爸一起出去打工。

我和奶奶,守在家中,孤苦伶仃,相依为命。如若不见亦不念,情感在我眼中特别淡。

即使现在,你们回来了,我也心静若水,没有一丝波澜,态度也总是不温不火,或许有那血缘束缚着吧。

也许是漠然的性格让人看了很不舒服,也许是孤僻的个性总与人格格不入,反正总喜欢与别人打架。那天,同桌充满蔑视的话激怒了我,于是强壮的我,尽情地击打着他。然后,老师介入,你作为家长,不得不来学校……

那次，我被班主任训了又训，审了又审。对方的家长也破口大骂，出口成"脏"。而你，作为我的母亲，竟然给对方家长说好话，居然还说"回家后，我一定管教好这野孩子"如此之类的话，我的眼泪也看不下去了，悄然落地。

机械地被带回了家，在进门时那股冷风的吹拂下，我清醒地意识到今天有暴风雨，要受家法了。

我洗了洗风干的泪痕，走进客厅，没想到迎来的不是三堂会审，而是一杯茶香。我愣了愣，一旁的你拿出医药箱，看见我，笑了笑，递过茶来，关切地问道："今天受伤没？来让妈擦擦药。"我得意地说："那只弱鸡能伤到我？笑话！"随即反应过来，低下头，心虚地轻声问道："你不打我？"顿了顿，我又咬牙切齿地说："既然你是站在我这边的，为什么要给别人赔礼道歉？"我的脸微微有些发红。你淡淡一笑："我们是有修养的人，不像那个野蛮的家伙一样，我们要保持内心的高傲，降低外在的格调。而你——我的儿子，打人就是犯错了，我有义务来承担，你不仅是你，也代表我，代表我们一家人。你的暴风骤雨，由我来面对；你心里的空缺，让我来填补！"

你的瞳孔闪射出坚毅的目光，照亮我那失魂落魄的双眼，让原本漠然的心田泛起阵阵涟漪，晶莹的泪珠顺流而下，再也保持不了平时的漠然。你是我的妈妈啊！有谁比你更有资格用身躯与心灵筑成堡垒，让我尽情地享受这爱的温暖呢？

我脑海里只剩下那一双坚定的眼睛，心上留下了那一抹深深的心痕。

妈妈啊，你太傻了。你用爱来填满了我心里的空缺，自己却留下千疮百孔。这片深情，让我倾尽一生，都无以回报。

风哗啦啦地吹过流年

# 窗外有风

梁采涛

窗外,于我而言,真的是一个很美的存在。

听说,窗外有风。

撩起帘儿,推开窗,窗外那一片好风景便随风儿,闯入了我的生命里。

### 窗外的天空

今天的天空很蓝。忙碌的鸟儿来回地飞,它们挑选了上好的羽毛,有淡淡的白色。丝丝缕缕,也织就了天空那懒散的云。

风一吹来,云便开始了它漫长的旅行。

我常常想,那淡淡的、薄薄的云上,载了多少思念呢?思念倦了,也想要好好去旅行一回的。

## 窗外的阳光

每天醒来,来到窗前,我都可以领到一份属于我家的阳光。

阳光给我一个温柔的亲吻,然后大大方方地住进了我的屋子里,直到太阳下山。那是暖暖的,很香很香的阳光,为我带来了窗外的芬芳。

我细细嗅着:有青草的泥土香味,有面包的可人甜味,有晨曦淡雾的水汽的淡淡味道……来自窗外那个世界的美好,让我在醒来的第一抹阳光里深深向往。

我望向窗外,我看见阳光浸润了整个世界,在风儿的追逐下,正悄无声息地流淌。

## 窗外的风声

我家的楼顶,会在某个时刻,有飞机飞过。

飞机双翅呼啸着划破风声,引得我痴痴地抬头向窗外寻找着那声音的来源,虽然我什么也不会看到。

一直认为亲眼看见飞机飞过头顶的孩子是幸运的,因为飞机会携着他小小的愿望越飞越高。

风声呼啸,我便听见了谁的愿望,在天上飞。

有时候的风很柔,很柔。我只听到了虫子的低喃,鸟儿的欢歌，偶尔的几声鸡鸣，或者忽远忽近的缥缈着的歌声。

我也很开心。因为我知道，是风儿把它们送来的呀。

我便也听见风声了。

### 窗外的人家

我时常站在窗前，一站便是好久。

我知道今天哪家冬眠的乌龟醒了过来，安静地从墙的这头爬到了那头；我知道早晨哪家的大棉被晾在了阳台上，积了一层厚厚的阳光；我知道刚刚哪家养的鸡被喂得饱饱的了，正神气地高声啼叫。

那样朴素的人间烟火，却总是这般毫无悬念地将人打动，温暖入心。

空气中飘来了淡淡的饭菜香味，我闭着眼，任凭风儿将我的头发吹乱。岁月静好，这云淡风轻的时光。

我深深地爱上了窗外的浅绪流影，烟暖花香。

我望着窗外，清清浅浅地笑。

听说，窗外有风。

就这样哗啦哗啦地吹过了流年。

# 在美的天空下

黄杨锋慧

微斜的夕阳浅照在高低不平的青石板上，黄包车的车轮咯吱作响。东关小巷，狭长而悠远，延伸着，延伸着，仿佛一直通向那美的天空。

穿梭于巷间，我的心境仿佛也得到了沉淀，得到了滋养。隐约有吆喝声，循声而去，却被升腾的白雾遮住了眼。凑近一瞧，原来是"黄桥烧饼店"。

"再来一碗豆腐脑儿！"一位客人意犹未尽地喊着。"好嘞！"伙计乐呵呵地答应着，手脚利索地配起了豆腐脑儿。一粒粒虾米在豆腐脑儿中遨游，散发出醉人的鲜味，一撮撮香菜漂浮在豆花上，勾勒出浓郁的香气。白嫩的豆腐脑儿似乎在引诱我，我不禁咽了口口水。然而，豆腐脑儿似乎并不准备放过我，香醇的气息在鼻端萦绕，爽滑的口感似乎在舌尖上跳跃，却久久没有入喉。我终是忍不住诱惑，点了一碗豆腐脑儿。

"热乎乎的豆腐脑儿来喽！"长久的等待终于没有白费，我不禁"跃跃欲吃"，搓了搓手，便迫不及待地拿起了勺子。细软的豆腐脑儿一块一块地相互挨挤着，似白玉被水煮软，如牛奶被火熬浓。粉红色的虾米和绿油油的葱末点缀其间，倒也算得上是五彩缤纷了。轻舔嘴唇，一勺豆腐脑儿便入了口。豆腐脑在舌尖上弹跳着，又慢慢融化，丝滑的感觉从唇舌之间一直蔓延到心里。我享受着这"大餐"，不禁感慨良多。

原以为美只属于那些艺术品，只属于那些天然的风景。但，我现在明白了，美，就在我们身边，只是需要我们用心去寻找，即使是一碗平凡的豆腐脑儿，也会让我们感受到美的熏陶。

细微间，一阵欢快而悠扬的乐声翩然而至。这音乐仿佛是来自心灵的呼唤，是对美的最好诠释。霎时，心中的孤寂，外界的喧嚣，都如云烟般飘散。我不禁加快了脚步，向着声音的来处跑去了。

那是一个不大不小的店铺，紧紧地倚在古树下。店铺里卖的都是陶笛，各式各样，品种繁多。店主陶醉地吹着陶笛，清扬的曲调勾人心弦。那婉转的笛声宛若长辈荷锄晚归、沿溪而行悠闲的吟唱，那跳跃的音符宛若顽童们荷塘嬉笑时溅起的朵朵水花……这样美的笛声，荡涤着我的心灵，让平日里沉重的心翩翩起舞，心情不禁随着这笛声摇荡起来。

　　站在店铺前,倾听着陶笛演奏的音乐,一个个乐符携着音韵之美跃进我的耳朵。这样的美,久久萦绕在我的脑海中,褪去了我内心的繁杂之音。

　　一曲终了,我不禁有些恍惚。抬头看了看淡青色的天空,嘴角不觉有了一丝笑意。这天空,仿佛也变美了呢!

　　天空竟下起了小雨,绵绵的小雨轻轻地落在我身上,像是一种问候,又似温柔的抚摸。远远望去,细雨霏霏,古城似蒙上一层轻纱,朦朦胧胧。轻轻地,那陶笛声仿佛在耳畔回荡,天籁一般钻进我的耳朵。古城上空,弥散着美的氤氲。这氤氲和着那小雨,一点一滴,也浸湿了这一片土地,浸湿了你我的心。

　　也许,我们该庆幸,因为,我们同在一片美的天空下!

# 茶杯里的时光

程 澍

一股清茶缓缓注入瓷杯,弥漫了茶香,沉淀了时光。

无数个忙碌疲惫的下午,无论是周末还是假期,下午的同义词都是忙碌,从来没有悠闲这个反义词。其实,我多想能有一回可以抽出家中闲置已久的茶具,就着清茶度过一个下午的悠闲时光。

想得多了,那个想象之中的下午便清晰起来:

我一个人坐在圆桌边,午后的阳光穿透一层玻璃照进来,端正地投射在水壶上,桌面上均匀地撒着一层金粉。水壶中的水这时已经略微有些烧开的迹象了,轻微的"咝咝"声持续响着,不时有几个小气泡冒出来,向水面上升,在到达水面时破裂。茶壶和茶杯都已经烫过了,全部立在一旁。白底色的一套茶具,上面爬着几条简单的纹路,但很别致,像是国画中的几株墨竹,带着清淡的古国韵味。我一个人坐在旁边,守着水墨,膝上摆着一本书,书页平摊开,是舒展自如的姿态。

我从画面中挣开,也许离这样的梦想倒也不远。在忙碌中容易错失自我,何不付诸实践——等待即将沸腾的水和定会出现的茶香。抛开杂念,抛开喧嚣,梦想的时间里,只我一人。

我捏着木制的小勺,将一些茶叶抖进茶壶,而下一刻,我提着水壶将水注入,水流形成了一条直线,荡绿了看似枯萎的茶叶。蜷起的茶叶在热水的刺激下渐渐张开,随着水流转着,从夜黑色到墨绿,到藻绿,再到新柳绿,在一片瓷白中显得翠色欲滴。透过已经有些变青的茶水,看到茶杯也变了,本来有些苍白的杯底在浅绿的作用下似乎有了生气。我满意地轻轻盖上盖子。过了一会儿,我开始将清茶注入杯中,氤氲的雾气盘旋了半圈后升起,淡淡的茶香弥漫在屋子里。

我端起茶杯,这时太阳已经偏西,茶杯在清茶和阳光的双重洗礼之下有些透明,简单的线条轻微扭动着,像是呼之欲出。

我只是举着杯,并不急着喝下去,在左手举着茶杯的同时,右手轻轻翻动书页,发出细微的声响。阳光依然在照着,但已经失去了开始时的力度和热量。红色的圆盘走着,在窗外一点点低下去,周围是暖暖的橘黄色光芒。天色渐渐暗淡,我把书翻到了最后一页间,而夕阳也在此时迈动最后一步，消失于群山之后，玫瑰色的晚霞从空中显现，从火焰紫到石榴红，从柠檬黄到琉璃金，所有的颜色在搅拌，融合，褪色，又复交融……

把视线从幻境拉回，面对一堆作业，我叹了一口气，想象中的那个午后的甜美光阴渐渐"模糊"——那只是我的一个梦想！

然而，这个梦有时变得如此具有"黏性"——在这个充满负荷的学业生涯中，我如同那杯中的茶叶，随着时光，希望舒展，等待蜕变，拥有茶香弥漫。

## 时 光 孤 岛

李子木

  溪边独自行走，水声潺潺，望澄澈之水，透露出不一样的单纯。波光明灭，泡沫聚散，岁月是一去不返的逝川。曾看过的夕阳、拍过的浪花、听过的潮涨，都渐渐被时间掩埋。时光是一片孤岛，孤岛上有山，记忆着你我之间的许许多多。抖落风霜，光芒流散。
  没有一条河能流淌永远，没有一座山能铭记千古，岁月静好，用四十五度角仰望天空，即使孤岛再小，也能感到年华无殇的快乐。特蕾莎修女曾写过两句话："生命是一种美丽，我们要懂得欣赏它；生命是一出悲剧，我们要能够拥抱它。"嗯，假如知道过去发生的并没有那么美好，未来，也就因此不会感到那么可怕了。
  你拨动了岁月的琴弦。那是一种潜走穿行的感觉，记忆的味道再次回到身边，不可估摸的幸福感不用去想，自然浮现。开往青春的列车,飞奔的时间把你我的目光拉得悠远绵长,不失心灵本质的单纯与虔诚。以前喜欢用"流年似水""光阴似箭""日月如梭"等语句来描写时间飞逝之快,但时光的流逝又怎能用言语表达?如今我站在青春的中心,那些寂静的惆怅之感又怎能轻易表达?

悠然一瞬,来来去去,飘过千山万水,一缕阳光缓缓射进,遍地流苏,阳光也在眷念着你我,金色的光辉如潮水一般,明亮的碎片百转千回,含蓄又热烈。一方蔚蓝的晴空,很温暖,有着静物的清寂,不知你是否与我一样沉陷其中。趴在桌上不停地发怔,闷闷的,心里很迷茫,有好多话语堆积在胸口。其实孤岛并不存在,它,只是我心中的一种信念,岁月并没有贴上任何标签,我努力接近它,触摸它,指尖却只能感到少许的微凉。一些好奇的臆想,肆无忌惮地沉浸在残痕的唯美之中。

晚风静静吹着,房间里有着明亮柔和却不刺眼的灯光,如向日葵一般,即使有多么的沮丧,也会面对阳光展现笑容,也会开向青色帷幕一般的夜空。揉揉惺忪蒙眬的睡眼,当夜空投下第一缕星光时,我便倚窗远眺,不必关门,不必当心,因为,岁月静好年华无殇。目光尽处有一座山,不高不低,不险峻不雄伟,突然想当一名侠士,仗剑江湖,自由快活,逞英雄之豪……河边有一只小船,缓缓驶远,静待着每一个岛上的人。

澄澈的思念,单纯的信念,虔诚般的自由快意。一方蔚蓝晴空，除了云朵没有任何点缀。夏日里下了几场暴风雨，我蜷缩在床上，独自享受生活的乐趣。秋天从不失秋色，叶片纷纷扬扬，为这个季节画上一道明媚的忧伤。最后再给我一个雪的清晨吧，窗外一片洁白，从未被污染过……日复一日，年复一年，生活在轻松与快乐之中。

回忆着你的左边，你我的昨天；憧憬着我的右边，我们的明天。从青涩到成熟，从梦幻到现实，一次次地臆想，人海茫茫，站在寂静的末端，怀想相逢的日子。

我生活在一片孤岛上，孤岛又建筑在我的心中，永不磨灭。岛上寂寥无人，我拥有一座向阳的房子，面朝大海，春暖花开。无论四季春夏秋冬，都透露着一份与众不同的情感与乐趣。如果离开，那些失去了日光的夜晚又该如何去安慰呢？

# 你来看此花时

章嫒嫒

我不认得它。

在某一个午后,它蓦地就挺在枝头。点点嫣红绣在深褐色的枝上,花蕊微微侧首,脉脉地将内心的花事展露,花瓣微微向外翻卷,弧形的边缘给人以波浪般柔软的感觉。而愈近花心,愈是更为浓烈的红,无法诉说的整个冬季对春的思念在血液里流淌着。

就在这回眸的一瞬,她就这样翩跹地落到我的生活中,踏着一地的柳絮,含着笑回望着我。我也回望着她,一个个跳动的字节涩涩地在口中蔓延,缠住了舌根,无法倾吐出来。我不知道她的名字。

我不认得她。

在凝思的某一刹那,忽然传来一阵笑声。咯咯地像七层檐上的风铃,清亮亮的,带着五月独有的爽朗气息。总觉得那应是一个七八岁的小女孩儿，新长出来的门牙才露出米粒一般大小，所以那笑声总带点儿鼻音。可她一点儿也不在意，依旧笑着跑着，笑声与踏上石板的欢快的脚步声融在一起，紧紧扣着门扉。

在一个绵绵细雨编织的日子，我总想着今天应该听不到那清脆的声音了，心里感觉空落落的，像是被勾住了魂，竖起耳朵时刻等待着，直近黄昏，那软软的笑才又在巷子里漾开，渗进青苔石中的每一处细缝中。我朝窗外看去，小小的花伞扛在小小的肩上，雨丝顺着伞檐流下，小小的人儿灿烂若花。我不知道她的名字。

清丽的花香和着长长的呼吸，没入体内，似乎有一种平静的喜悦安抚着烦躁的神经，思绪愈来愈远。这触角去年也曾细细地挑起整个春天，染红枝叶，依偎在风中。我没有见到，它依旧波澜从容，在人们淡然的目光中守望着蓦然回首的心动。

无论我知不知道，它都开着，从清晨到下一个夜明，不知飞到谁的梦中，染湿了一方枕巾。

无论你知不知道，她都能笑着穿过巷子，把清脆的音节从巷口牵引到巷尾，不知落入谁的耳中，焐热了一颗心。

他们都是为自己而开，为自己而笑，燃着瑰色的年华，静静地飘落在一片土地上，静静地生长。不论有名无名，都含着笑望着你，你不知道他们的名字，就像他们不知道你的名字一般。

你来看此花时，彼此落入彼此眸中。

## 铅笔下，是我的世界

廖丽峰

画纸上，铅笔下，有我建立的世界。

浑浊黯淡的忘川与鲜亮明媚的杨枝甘露，美好的少女与蹁跹的少年。我的世界如此的变化多端。

我常常在我的世界中流连忘返，那真是一个偌大的梦幻世界，只有你想不到的，没有我描绘不出的。美丽的尖耳的牡丹花精在怀抱琵琶柔声吟唱，侧耳倾听的是冷漠迷人的河神；来自冥界的伤心小鬼偷偷躲在幽暗的河畔与萤火虫讲话；英武的将军手持长剑，独守边疆……

存在于幽暗与光明、快乐与忧伤、幸福与痛苦之间的平和的净土，是我的世界。不是没有哀伤的乌托邦，也不是哀鸿遍野的炼狱，只是平静地存在于天地之间的清幽世界，仅仅是这样。

在安静的时候，我喜欢一个人坐在窗边，聆听风的低唱，触摸阳光送来的热度。微微闭上眼，构想另一个世界里的一切，再用铅笔细细地描绘出我心中的世界。密密的细线排出了一片片高大或低矮的树林，柔和的曲线则勾勒出了一条条蜿蜒的河流小溪、湖泊池塘，那世界的生物——我笔下的孩子们，或欢喜或悲伤，静静地站在风景的一旁，小心翼翼地守护着属于我们的世界，等待着、盼想着更美好的未来。

看着那些仿佛张口可语的小人儿，我突然不争气地伤心了。

原来，一张纸的距离是那么遥远。

原来，我永远不能进入自己创造的美丽世界……

握着铅笔的我，身处残酷坚硬的现实，而铅笔下的他们，却可以安然享受我为他们创造的梦幻仙境。这真是不公平。

每每想到这里，我都会慢慢地停下手中的铅笔，垂下眼睑，贪婪地尽情妄想我在笔下世界中的一切一切。

闭上眼，就再也不想睁开了。我轻抚画纸，指尖好像传回了一点点微弱却鲜活的炽热——生灵的温度，我是那么渴望能够碰触到他们真正的体温啊。

我想，我和这个自己创造的世界，是不是像凄美的曼珠沙华一样，命运纠缠在一起，却永远错过了对方。

令人痛苦的想法，还是停止吧。我悄悄地对自己说，我该高兴才对，在这个伟大的世界，我是神。

细腻的铅笔结束了最后一笔，我依然享受着创造世界的欣喜。

铅笔下，是我的世界。

# 故宫的真相

黄也杭

第一次去故宫,被华宫大宇震撼,也被琳琅满目的珍宝晃花了眼。

十一月是旅游的淡季,天气也凉得超出预计,游客们都刻意地选着向阳处流连,或者在窝风的殿弯回廊里歇脚,宽阔的太和殿广场上人影散落,殿前却依然熙熙攘攘,这里恐怕是故宫中游客最扎堆的地方了。于是离了太和、中和、保和三大殿的中轴线,向右一偏进了文华门,人声似乎一下子就被隔绝了,迎面都是古松古柏,一弯石桥质朴无华,看说明竟然是金代宫址遗留,可以说是个比故宫这片大建筑群都早的"原始住户"了。景物旷远,抬眼便看到头上低低的云压着,更显得红墙高耸,金屋顶寂寞得灿灿放光,一墙之隔,这里就这么的清净了。

走回故宫游览主线,便发现它真是一座艺术品的宝库、珍宝馆、青铜馆、钟表馆、瓷器馆……每座展馆里都陈设着琳琅的奇珍异宝，让参观者们目不暇接。导游和展室里的工作人员也都口若悬河地讲解着，人群追着他们声音，在殿宇间穿梭、赞美、惊叹，那些五彩斑斓的斗拱彩绘和簇新的贴金门窗映照着一双双好奇的眼睛，让三大殿、乾清宫、养心殿、御花园等热门景点都喧嚣之极。细看那墙壁上纹路工整的雕花书联，桌案上红得晃眼的朱漆酒具，该都是新近仿制的吧？沿着墙角蜿蜒而出的现代电线一路通向寝宫深处，历史的痕迹在这一层层人声鼎沸的院落里竟然消于无形了。

　　然而，耐心通过人潮，走到手中地图都未标识的宫宇深处，渐渐地眼前的红墙开始斑驳，就在窄窄的高大红墙之间笔直的小巷里，一侧能看到上锁的木门，轻推一下，门缝儿里有一个红漆剥落、荒草没膝的宫院。这才是没有修缮的故宫的真实样貌吧？明清两朝，六百余年的漫漫流年，赋予了它们沧桑和沉淀，和满目繁华的三大殿相比，两种景致，却一样动人心魄……

　　听说故宫作为博物院，已经对公共开放近百年了，一直满载历史、映照古今。我期待着第二次去拜访"她"，充满敬畏地去探究，去感受"她"似锦繁华的背后，那些悠长而令人唏嘘的真相！

# 牵动我心弦的那条小河

杨 洋

我最喜欢河水,喜欢它们在掌心流转,而又远去,喜欢那一份宁静的清凉。

窗外,是一条河,在有阳光的晴天,会像玻璃石一样闪闪发光。然而,说是河,却不如说是被砖瓦围起来的硬邦邦的水流,没有那弯弯曲曲的长道,没有欢快跳跃的浪花,没有卷着叶打转的旋涡。

那不是真正的河。

真正的河,是在成都北上的一个僻静乡村。

故乡的河,才有河的气势啊!

没有刻意而为的瓷砖或水泥。岸边,是泥土,是可以光脚踩着很安心很踏实的泥土。两边是黄得耀眼的油菜花,在新春抽芽的时节,会让人分不清,是天上的太阳,还是春天的精灵。下河的路,是厚重的青石板铺成的。一代又一代的人，踩着，踏着，凹凸不平的石板，不知听了多少人的故事，经历过了多少春秋的轮回。

河边的人，是善意的。河边捶衣的巧妇，会回眸向你阳光般地笑。不认识，也没有关系，在袅袅的炊烟中走一走，便成了一家人。

河面上有水雾，起得早，便可以看见。岸上，河面上，白茫茫的一片。只有对岸的树梢，挺挺地冒个尖儿，望不见根，让人疑心，是否到了童话里的世界。

此时，走一走，也是不错的，只怕回来，满身，满鞋，都挂着那晶莹的露。

我常忘了小时候和伙伴们一起玩老鹰捉小鸡，忘了爱吃的巧克力，却一直，并且永远也忘不了那河——外婆拿着艳亮的衣服在那里捣着，它们像一朵朵花开在河面；外公撑着渡船，唱着那朴实的、家乡里特有的歌谣。

并且，每当我的心绪因城市里的污气吵噪而繁乱，每当我遇到逆境，想要大声痛哭时，我总会清晰地忆起，那个遥远的地方，有一条静静流淌的小河。

它连接我所有的爱，所有的悲伤。它为我抹去泪水，却牵动我心里细细的心弦。

我曾多次疑惑，为什么？

它没有大海的磅礴气势，也算不上真正的山清水秀，却始终牵动着我心里那根最温暖的心弦。让我哭，让我笑，悲伤却又安心。

原因，只有一个，只因为它是家乡的小河，是留有我们的成长记忆的地方。多年在外漂泊的游子，泪中带着这样的心弦：

春风又绿江南岸，明月何时照我还。
斜月沉沉藏海雾，碣石潇湘无限路。

这是所有游子的心怀啊！

无论走得多远，飞得多高，心里总有一隅始终留给故乡，留给那温暖而忠实的土地。或一轮明月，或一湾小溪，它们总藏在某个地方，给游子以安慰，给他们栖息停靠的港湾，给他们受伤的心避风挡雨。

小河，牵动我内心，那一处温暖的心弦。

# 冬阳·馒头香

邹梦月

腊月里的馒头香，是我记忆最深的味道。

从小在这一方土地成长，身边的一切仿佛都在变化着，唯一不变的，好像就只有那间一到冬天就冒着热气的馒头作坊。

陈家老店在我出生之前就已经有了，听爷爷这一辈的人说，我们这个地方之所以会叫陈家店，也是因为老店的悠久历史和美名在外。

农村和城市不同，什么糕面馒头总爱自己忙活，吃着安心。

闻着年味儿近了，家家户户也就开始忙活起来，老店的烟囱上方总是会冒着一圈圈的热气，热乎了整个冬天。

爸爸每年总是会帮陈爷爷的忙，特别是年关上，几乎整夜不睡觉，只为了邻里能吃上香喷喷的馒头。我也仿佛充了电一般跟着他转悠，直到很晚。

作坊不大，约莫着有七八十平方米，虽小，却是样样齐全。作坊的南边放着一张约一米高的桌子，南北长两米，桌子的四周总是站满了人，有时是忙活着做馒头的师傅，有时是等着热乎馒头的乡亲。师傅们的手上总是不停歇的，一个忙着揉搓馒头，一个忙着切馒头，桌子的四周有几口大缸，里面装的都是等着发酵的面粉。调面粉机的师傅把机器声音开得很大，刀切面团的咚咚声，人们的说话声，混杂成了一曲欢快的小调。

北面是两排堆得很高很高的蒸笼，蒸气管直喷着热气，锅炉师傅不时往炉子里添上几块黑炭，火光映在师傅脸上又亮堂了些。于是我知道，馒头快要出炉了。

屋外是两排很长很长的竹制板子，它和我们一样巴巴地望着，巴望着一声"出炉喽"的叫喊。

几分钟后，看见师傅端着蒸笼往外走，我立刻跳了起来，乡亲们脸上也一个个地堆满了笑。

白乎乎、热腾腾的馒头，一排排地，横躺在蒸笼里，仿佛新生的婴儿，还在睡梦中一般。这时候，师傅们需要很快地把它们放置到先前准备好的地方，而且不能正面向上，因为馒头的背面是热乎的，如果不反着放，就会粘着了。

几分钟后，温度正好，它们就被一个个装进袋子，乡亲们一个个闻香而来，载香而去。

这便是我冬天的记忆,也是我生活里洋溢着的淳朴的家乡气息。

　　转眼又是冬天将至,我期待那冬日暖阳下一圈圈的热气,也期待着冬天里的温暖,只有淳朴的乡亲才能带来的温暖。

　　冬阳,载着馒头香。

# 我 的 太 阳

伍晓娟

多年来，常常因为一腔刻骨的思念而黯然神伤，一不经意间，便是满衣清泪。

1989年3月26日，那个相貌平凡却满腔才气的天才诗人，我的英雄——海子，一夜之间溘然长逝。

泪眼婆娑中，仿佛看到山海关的铁轨上，海子捧着厚厚的《圣经》，一遍一遍地读着，当字迹在泪水中模糊，他便躺在了那冰冷的铁轨上，长眠不起，连尸体也跟着灵魂支离破碎……

火车隆隆碾过的那一瞬间，英雄，你用溅起的鲜血谱写了最后一首无言的诗歌。太阳升起来了，一束耀眼的光芒照在了冰冷的铁轨上，照亮了你血淋淋的尸体，照亮了你藏在心中的每一行崇高的诗句。

"我已走到了生命的尽头。"当你说这句话时，我便知道，是这个世界太小容不下你伟岸的灵魂。不论大海、五月里的麦地，不论你那从小住着母亲和儿女的村庄，或是你说的，白色的船。

"我把天空和大地打扫得干干净净，归还给一个陌不相识的人，我寂寞地等，我阴沉地等。"你看着消融的雨雪，在初春的黎明，等待着新生的曙光，等待着静静地死去，等待着初升的太阳。二十余年后，我，一个渺小而又始终追随着你的小女子，却说你是我心中永远的太阳，却说生命没有尽头。

我依旧用纤纤素手握住你溅血的诗歌："泉水白白流淌，花朵为谁开放，是这样美丽负伤的麦子，吐着花香，站在山岗上。"看呀，这样美丽而深刻的诗句，我的英雄，你叫我怎么不潸然泪下？怎能不用最虔诚的心来祭拜你的灵魂呢？

哦！我的英雄，你是想变成让万物生长的太阳吗？"苍凉大地承受着更加荒凉的天空，我空空荡荡的大地和天空。"难道你也是不忍心看着这样荒凉的天空吗？你也怕站在太阳痛苦的光芒上吗？

于是，你请求熄灭，"熄灭生铁的光，爱人的光和阳光"。选择了死去，在诗歌的文字里为自己挖一个坟墓，然后住在里面，变成了一个没有人知道的太阳。

看呀，我的太阳！命运，纷乱在你的坟上，而你睡着，麦地里梦着自己复活的神话时，可有千里芳草鲜花绽放在你的坟前？可有诗歌的光芒在你的周围闪烁？闪烁……

我的太阳啊！我一直想问：能否，隔着你坟墓的结界，赐予我一缕光芒？让我在你荒凉余味的文字里，绵延着我们共同的梦想。让我灿烂地歌唱，"我将告诉每一个人，给每一条河流，每一座山取一个温暖的名字。陌生人，我也为你祝福，愿你有一个灿烂的前程，我也愿面朝大海，春暖花开……"

# 旧日菖蒲

季珂宇

年年岁岁，繁花开遍。只是总比不上那旧时临水而居的菖蒲，在天空下随风飘曳的模样。

在旧年月里，在我家青砖灰瓦的旧宅之后，生长着一大丛菖蒲。端午前后的菖蒲最为茂盛，远看河边像是覆着一片暗青色的云，将雨未雨的样子。那菖蒲香味扑鼻，风起时更甚，夜间在院里小坐纳凉，弄得满怀满袖都是菖蒲的味了。

"小心点儿，小心点儿！别摔着了。"外婆使劲地仰着头，扶着我站在吱呀作响的几层木凳上，看我踮起脚往门框上挂菖蒲。

刚从河边采来的菖蒲细细青青，斜斜地挂在框上，倒有几分出了鞘的宝剑的样子，只是少了那凛凛剑气，也怪不得乡里都说端午挂了菖蒲便可除妖魔、去百毒。

"我挂好了！"我收回手，满脸的成就感，村里的同龄人中可就只有我一个能挂这菖蒲呢。顺从地让外婆把我抱回地面，然后看外婆把摞得高高的凳子一条条拆回了原形，帮着我把它们搬进屋里。

　　外公拄着拐杖从里屋走出来，摸摸我的头："我家外孙女就是能干。""那当然！"我自豪地应答着，却听见对门的二姑笑骂道："一老一小不知羞！怎么能这么夸自己个儿呢。"爽利的声音砸在青石板铺就的弄堂里，惊起了一片蛙声虫鸣，袅袅地回旋在菖蒲的香气里。

　　夜，在院里焚了晒干的菖蒲驱蚊，可坐在旁边的外婆还是不放心地用蒲扇轻轻为我驱赶着晕头转向的蚊虫。我靠在外婆身上，嗅见了另一股菖蒲的香气，从悠长的岁月里飘摇出来。

　　村里老一辈儿的身上一年到头总带着菖蒲的味道，不知是用久了菖蒲熏出的香味还是这片土地原来就散发着菖蒲的味道，他们从来不在乎市场上一圈圈黑色的蚊香效果奇佳，都固执地在抽屉里藏着一大把枯黄的菖蒲，菖蒲的味道就是故乡的味道。

　　那些年，我在乡亲的说笑中、外公外婆的关照下一寸一寸长大。时间的河把这一切揉成了模糊的影子，却依旧萦绕着大片大片菖蒲的味道，留在心底，沉淀出家乡的味道。

　　然而，当我再一次回到这片久违的故土，脚下却不再是沁凉的青石板，眼前也不再是大大的院子，只是河边的菖蒲还是菖蒲，可家家户户夜里再没有焚菖蒲的青烟一圈一圈升起，连着慈爱的外婆、古老的祠堂、隆重的民俗在一夜间蒸发殆尽。

年华都滴滴答答地碎掉了，从乡村到城市，每个人的故乡都在沦陷，每个归来的游子都成了陌生人，却还在牵挂。但，芒草都已白了青山头，一切都变了，老了，回不去了……

在一方白纸上写着对儿时故土的思念，轻轻念出来，眼里水雾迷蒙，仿佛回到旧时的故乡，面前河水汤汤，隔着河呼唤那些流光碎影——

菖——蒲——，菖——蒲——

## 不会变的是炊烟

高 杉

老家的烟囱，姥姥总是不肯拆。

假期，妈妈催我回老家："这么久没回去，姥姥该想你了。"我这才开始细数，有多久没有回老家了。末了，妈妈补了一句："家里变化很大，你也去感受感受。"

虽然有妈妈这句话提醒，可当我下车时，还是怔住了。远远的，红瓦白墙的三层小楼，野花连着麦田孜孜不倦地蔓延，一直延伸到脚下的柏油路。在柏油路上脚步踢踏着，我真不敢相信，要知道以前这里还是雨后就会积水的泥泞土路，有车子路过就会溅起一身的杏黄色泥巴，小土路曲曲折折地蜿蜒进一排排的砖瓦房，两旁一人多高的玉米地，遮挡住了阳光，留下一地碎影，斑斑驳驳地跳跃着，那才是我的童年。

我沿着马路，怀着新奇感走进村子，却觉得不对劲，才发现村口的大槐树没有了。环顾四周,一座座二层小楼矗立着,有高大的铁门,有金红的木门,是崭新的,也是陌生的。我数着胡同口,找到姥姥家,可又不敢确定,来回兜着圈子,想找人问一下。正当我着急时,不经意地抬头,发现眼前飘来缕缕炊烟,那是房顶上的烟囱正冒出的烟,悠闲地飘摇上蓝天。忽然想起小时候的烟囱,这下我相信了。"姥姥!我回来了!"推开朱红色的大门,正对着的,仍是那一棵大石榴树,小时候,我还常爬上去玩咧!姥姥从屋子里走出来,看见我,笑得合不拢嘴,皱纹里都是深深的爱意:"可算来了!快、快进屋,怎么才来啊!"我笑着,看着这熟悉、干净的院落,墙角上还有我小时候的涂鸦,总算是回家了。

中午,吃着姥姥给我炒的土豆,还是老味道,我夹起一块肉放进嘴里,嚼出满嘴的香,还是姥姥烧肉特有的滋味。我忽然想起了烟囱,就对姥姥说:"姥姥,我今天就是看见烟囱才敢进来的。"姥姥耳背,问:"你说什么?我听不见。"我又大声说:"我认得咱家烟囱。"姥姥听了,深深地笑了,她点着头:"哪天,你们不认识门了,看见烟囱,就知道了!"姥姥说着又去灶旁烧火温饭。灶里的火光映着姥姥慈祥的脸,跳跃着的小火苗温暖着整个屋子。我跑出去看烟囱,它还在工作着,像个火车头一样冒着白烟,带着时光的列车轰然向前,不管驶过怎样的风景,它都没有改变,还是安详地冒着一缕轻烟,斜斜地倾向天空。它像是一面旗帜，招摇着告诉我们回家的路。它是姥姥的等待，等待儿女们回家。

是炊烟，让我始终记得回家的路。

# 带文字回家

朱艳霞

捧着一本书细细品读的时候，身边一切的喧闹仿佛不复存在。书于我，是挚友，更是良师。

在书中看到这样一句话："让文字随自己流浪。"一句简单得不能再简单的话，却道出了说话人当时全部的心境。我想，流浪的途中有文字陪伴，这应该是最浪漫的流浪了吧！

三毛，一个漫步于撒哈拉大沙漠的奇女子，她的流浪是最让我钟情的，虽然漫步行走于漫漫的沙漠，但她的心灵是满足的，因为有文字陪伴，因为她找到了自己心中真正的追求，所以，连她洒下的泪代表的都不是悲伤，而是幸福。

当一切都归于宁静时，我喜欢用文字来表达自己。看着那一个个从自己笔下跳出的文字，惬意的感觉就犹如站立在秋日午后的阳光中一般。对我来说，文字寄托着我全部的心境。回头再看那些文字时，又如同与过去的自己对话，感觉真实而自然。刚开始接触文字的时候，心里便萌发了一个小小的念想，等自己长大了，也要做一个和文字为伴的女子，就像书中描写的那些女子一样，有书香的熏染。

都说写作有三境，一为利益写，二为自我写，三为拯救社会写。鲁迅先生以笔为刀，深刻揭露着封建社会的冷漠，从他的文字中，可以读出一类人，甚至是一个时代的底线。所以有时自己心里也有些不好受，因为我仅仅是在为自己而写。

一片叶子落了，不是悲凉，而是诗意。任何事都有它独特的意境，谁能说那纷纷扬扬盘旋而下的叶子不是一种美呢？既然我只能为自己写，那就安心地写吧。在漫漫的人生旅途中，幸好还有文字，以至我对前方的未知的路不再畏惧，而是一步一步慢慢前行。将自己对文字的喜爱铸成一种梦想，带回自己的心灵家园，慢慢培养，细心呵护，为自己的梦想投入全部的激情。

我在自己用文字搭建的城堡里，安心地做着最美的梦。如果没有文字陪伴我，我想我会孤独的。很多时候，在我们为生存而奔波的时候，往往会丢掉自己钟情的梦想，所以要在自己还有兴趣的时候，尽量去实现它。很难想象，如果我不懂得倾诉，那我该把自己的心寄托到何处？

茫茫的人生路，因为文字，我的心由孤单彷徨寻回温暖，我是何等的幸运，因为我在拥挤的世界里，找到了可以拯救自己的文字！

## 站　台

操　懿

　　直走，左转，至樟树下，有一站台仍在。

　　站台应该是很老了，年岁亦是记不清，只是灰色的琉璃瓦略显出民国时曾经的繁华。站台也没有了当初的雄心壮志，只是承载着几趟归途的列车，带来远处几许染着风的色彩的情丝，寄予小城一点儿生机。

　　岁岁年年，人去人归，站台早已被千百人所踏。小城太小，几乎所有人，都向着离去的方向。烟尘起落，浮云翻滚，列车渐渐远去，绿色车皮上满载着思念与牵挂。不知车上的人能体悟多少，但至少，在站台上，每个人的眼眸都注视渐渐与天水交接的绿色背影，呼吸急促，让风牵动鬓边的青丝，寄去情思。

　　滴，滴，滴，站台被什么沾湿了。

　　人们有时是很恨站台的，毕竟站台划分了离与合，分割了明与灭。甚至，有些从站台上出去的人，便再也没有回来过。站台，永远是那么残忍，生生将骨肉分离，对远去者投以淡然，对站台上哭得撕心裂肺的离人以滚滚烟尘。

于是有人提出将站台废弃，遏制人们离乡的脚步，维持小城中静好的岁月。这项提案提出后却一直被压着，虽有无数民众赞同，却最终未曾实施。因为游子的脚步可挡，但心却是无法羁留在小城的安静里，随着大雁归去的方向，飘荡到想要的繁华。在纸醉金迷里，在灯红酒绿中，偶尔思念起故乡的小城，便可以乘着列车，回到站台，带来一丝期盼。

而在等待的人们，亦可以在某个阳光明媚的午后，静静凝视站台，盼望着驶来的列车中，能够走下一个熟悉的身影。尽管，每次的等待都是空白的音讯，但至少，还有站台，还有等待的希望。

但站台不知道这些。站台早已看惯了悲欢离合，看惯了小城里人们无尽的等待。木质的长凳被年复一年的等待坐穿，铁栏杆亦被汗水时时浸透，生出了暗红色铁锈。离去的方向承受不了那么多期盼的眼眸，离去的列车也承载不下那么多的思念。站台以一种冷漠的姿态傲视芸芸众生，嘴角轻蔑地上撇，然后，拉响了汽笛，亦是拉断了风筝的丝线。

离去的意义，站台不懂；等待的意义，站台也不懂。

站台只知道离去是无尽的，等待也是无尽的。每每多了一个游子乘上远去的列车，站台上便会多了一份等待的苦痛。等待，等待，等到青丝变成白发，等到花开花落数十载，等到站台都厌倦了，游子，仍未归来；等待，仍在继续。

后来，小城的城市格局改变了，而站台，也被弃之不用。在城西，将有一处豪华的机场代替站台。于是，站台静了下来，往日熙熙攘攘、泪水盈然早已离站台远去，但站台在静处，依旧惹尘埃。

站台，不，已经不能称作是站台了。每年，总会有这么几个双鬓如雪的老者，仍旧傍站台而息，远望着曾经那列车驶来的方向，拐杖轻轻叩击地面，远处的清风掠过他们的银丝，透骨的寒意在此刻亦化作虚无。他们心中荡漾的，是泛在当年青涩岁月里回忆的温柔，是对远方游子归来的等待。他们不愿离开，只希望在这个似是而非的站台里，用无尽的等待，过完余生。

因为，在他们的心中——

站台依旧在，游子欲归来。

## 遥远的眼神

李 牧

初冬的一天,我与好友相邀去参观动物园。虽然是万分期待,但寒冷的空气里却带着几分阴郁。就在那一刻,我带着惆怅的心情看见了栅栏后你那忧伤的眼神。

细看栅栏上的说明牌,我得知你就是黑熊,一头来自喜马拉雅山系的黑熊。游客不时地向你挥手,争着给你投放食物,可你却丝毫不搭理。我惆怅的心里不由多了几分怨气。"你这算是对人类的一种藐视吗?"我对着你大吼起来。

旁边的朋友忙解释说:"它视力差,是看不见你的,要不人们怎么会叫它'熊瞎子'呢。"虽然感觉好受了些,可我还是无法原谅你的无动于衷。细细一看,你的眼睛是透明的,仿佛就是那雪域的清泉。不过,我却分明读到了你眼角流露出的忧伤,还有几许怒意,也有几分陌生，看起来让人心里酸酸的。

你也许有着无尽的孤独，可从来没有伙伴来倾听你的心声。我们生气时，还可以随心所欲地发泄，而你却永远也无法越过坚固的钢铁栅栏，只能悄悄地卧在墙角舔着流血的伤口，只能静静地待在狭小的空间里等待时光的流逝。面对你饱含忧郁的双眼，我心里不由泛起了一圈圈酸楚的涟漪。哦，来自喜马拉雅山系的黑熊，我怎么能往你的伤口上撒盐呢？

我想，在夜深人静的时候，你一定在想念曾经生活过的家乡，想念与父母兄弟同行的温馨，想念嬉戏玩耍时的天真，想念高山白雪给你带来的宁静，想念青草溪流给你唱出的欢歌。可是，这美好的一切，因为我们人类的无知而化作了泡影。不知道我刚才的怒斥是否刺痛了你的心，但我分明感觉到，你那双忧郁的眼神让我的心隐隐作痛。

这件事虽然已经过去几年了，但我依然无法忘记你忧郁的眼神，真希望有一天，能够在野外——在喜马拉雅山系与你相逢，目睹你清澈如水的眼神。

# 嘴角掠过的一丝微笑

段　琦

"忽如一夜春风来，千树万树梨花开。"但是首先得有春风的吹拂，才可以触发那潜在的力量。你是愿意做春天的暖风，把枝头的花苞吹开，让人间处处春暖花开呢？还是做寒冬的飓风，吹落枝头的花朵，让世间萧条冷清一片？一切只在于自己的"为"与"不为"之间。

——题记

那天，我站在街头，迷茫地望着，看那远方的晨雾，初升的太阳。我变了，变得不爱笑了。也许不是我一个人这样。我看着那些来来往往的行人，顶着刺骨的寒风，步步难行，嘴角是下垂的，咬着牙前进着，露出的是冷漠的面色。

秋天枯萎的落叶缓缓地落下，树木失去了它的唯一，现又忍受着那不懂人情的寒风，光秃秃的树枝在摇曳。那透过树枝的光照在我没有血色的脸上，一切都像是一场不该有的梦，而我却偏偏进入其中。周围的人都是那么陌生、冰冷，擦肩而过的那一瞬对视显出刻板的诧异。

手渐渐僵了，砭骨的寒风把我思绪打断。搓了搓手，没有目的地走在人群中。

前方十字路口围了一圈人，透过人群缝隙，我看见一位脸上沧桑露出痛苦的老人，身边是一个倒在一旁的轮椅。没有一个人去帮老人，仅仅是在寒风中围观、议论，甚至有人讥笑地说"别帮她，小心她讹上你"。这让我感到彻骨的寒冷。我的心沉了一下，仿佛老人身边是一圈常年不化的积雪，这比冬日寒风还要冰冷，没有一丝温暖。

我跑过去，推开那些"积雪"，扶着老人冰冷的双手坐上轮椅。周围人讥笑着说"她该讹你咯"。然而，老人嘴角掠过了一丝微笑，微笑中带着一丝泪水。那微笑瞬间如一股强大的暖流从我身上流过，如滚滚热浪席卷着我本以为早已冰冷的心。我也露出了微笑。

严冬是冷的，而我们的心是热的，仅仅是有些人不愿意把热传递给别人，而那些愿意让别人分享的人，有着取之不尽用之不竭的热源，因为微笑是互相的。我坚信大部分人是愿意带着温暖度过寒冬的。微笑是一件很简单的动作，但它可以给别人希望、梦想、动力，它是对那些心还未冷的人的肯定。如果我们用微笑来度过这寒冬，暖春便指日可待。

　　对别人微笑，与人为善，不过是小小的情感付出而已，于我们而言根本就是轻而易举、举手之劳的事情。为何就那么吝啬，不屑于去做呢？你对别人微笑的时候，别人会给你冷眼吗？你对人冷漠，别人会对你微笑吗？恩将仇报的人不是没有，但毕竟是少数。抱一份付出的心态，抱一颗平常心，与人为善，其实我们可以以一种更好的方式生活，因为付出爱的同时，你也会收获爱。

　　亲爱的朋友，今天，你付出了吗？你又收获了吗？别人赐予你的温情与力量，再忙碌也别忘了啊！

# 宽　容

梁艳琳

江海容纳百川，所以广阔；天空容纳小鸟，所以无边。

——题记

星期天的早晨，我推开门站在阳台上。阳光温暖而明媚，阳台上我种的花都开了，看来它们也迫不及待地要来沐浴这初夏的鸟语花香。

"砰！砰！"楼上传来了一阵拍打被子的声音，接着棉絮和灰尘从天而降。这些让人灰头土脸的东西与这清晨的美景真不相称。于是我忍不住厉声向楼上喝道："拍什么拍！一大清早就污染空气！"可上面的拍打不但没有停止反而更猛烈了。无奈人家占有有利地势，我只得退避三舍。一会儿，拍打声停止了，我赶紧出来，拿出水壶给我那些刚遭到"空袭"的可怜的花来了个"淋浴"。晶莹的水珠在绿叶上滚动着,有几滴顽皮的还跑到了楼下。我顺势向下一看,哟,那些水珠不偏不倚全落在了楼下晒的被子上。我窘了起来,怎么办呢?

偏在这时,楼下的奶奶伸出了头,向上张望着。我更加害怕了,怕她开口骂我。可出乎我意料的是,她竟对我和蔼地笑了笑,慈祥地说:"天气好,是要浇浇花呀?看这花开得多水灵呀!"说完,她把被子往旁边挪了挪,便回屋了。

我愣住了,一时间回不过神。奶奶的行为好像给了我什么启示,我努力地思索着,可楼上再次拍打被子的声音打断了我的思路。"噢,我明白了!"我把头伸了出去,向上一望,正和上面拍被子的女人打了个照面。我笑着对她说:"阿姨,天气这么好,是要晒晒被子啊?"那女人尴尬地点了点头,只轻轻拍了两下就回去了。

我站在阳台上,感到这阳光更明媚、更温暖了。

想知道我明白了什么吗?我明白了,原来宽容会像温泉一样化解人与人之间的一切冰冻、一切隔阂,而且宽容还是互赠的礼物呢!如果你是一棵大树,请你关照周围的小苗,那样你会得到诱人的绿色;如果你是一片天空,请你收留将逝的晚霞,那样你会拥有艳丽的云天;如果你是一片海洋,请你容纳众多的河溪,那样你会拥有宽广的胸怀;如果你是一朵蔷薇,请你接受绿叶的陪伴,那样你会得到动人的妩媚。